VIE

POLITIQUE ET MILITAIRE

DU GÉNÉRAL

A. M. G. POISSONNIER-DESPERRIÈRES.

Louis Charles, Dauphin de France

Né à Versailles le 27 Mai 1785.

« Colonel, je connais votre dévouement pour notre Famille; ces scélérats ont demandé à défiler devant le Roi et le Dauphin: je tremble pour les jours de mon fils, Jurez moi, Despérrières, de le défendre: c'est à vous que je confie ce dépôt sacré l'espoir de la France.

Paroles de la Reine, page 66.

VIE
POLITIQUE ET MILITAIRE

DU GÉNÉRAL

A. M. G. POISSONNIER-DESPERRIERES,

L'UN DES COMMANDANTS DE LA LÉGION-D'HONNEUR,

DÈS LA CRÉATION DES OFFICIERS, ET CHEVALIER DE SAINT-LOUIS,

ÉCRITE PAR LUI-MÊME,

ET PUBLIÉE DE SON VIVANT.

Ah! si le Roi le savoit!

PARIS.

IMPRIMERIE ET LIBRAIRIE DE C. J. TROUVÉ,

RUE DES FILLES-SAINT-THOMAS, N°. 12.

1824.

AVERTISSEMENT.

Mon intention étant de rester maître et propriétaire de cet ouvrage, je préviens que je signerai tout exemplaire, que je n'avouerai ni ne reconnoîtrai aucun de ceux qui ne seront pas revêtus de ma signature, et que je poursuivrai suivant toute la rigueur des lois tout contrefacteur, comme la loi m'en accorde le droit.

INTRODUCTION.

Mon parti est pris, je veux écrire l'histoire de ma vie.

— Dieu nous en garde! Nous en verrions de belles! Voulez-vous, comme Rousseau, laisser après vous le scandale?

— Trève de plaisanterie; je veux écrire ma vie politique et militaire.

— Qu'en attendez-vous?

— Je suis las d'être *méconnu* et *persécuté*.

— Le serez-vous moins pour quelques actions décrites avec emphase, indifférentes pour la multitude, connues seulement de quelques personnes, et que beaucoup d'autres ont intérêt de faire oublier?

Croyez-moi, mon ami, vous êtes condamné au repos, jouissez-en dans toute sa volupté, et ne cherchez pas à empoisonner vos derniers moments.

— Pensez-vous me retenir par des terreurs paniques?

— Non; mais je prétends vous ramener par la raison. Souvenez-vous de ce vieil adage: *Le plus sage est celui qui donne le moins à parler de lui.*

— L'application en est fausse: c'est à la femme honnête qu'elle s'adapte, et non à un soldat. Le soldat vit et meurt pour la gloire et l'honneur, et son unique récompense est dans la manière dont on proclame ses exploits.

— Attendez que vous soyez mort.

— Je vous remercie; il sera bien temps vraiment.

— Voulez-vous faire comme Chevert, à qui l'on reprochoit de trop parler de lui?

— Il avoit raison: quand on affecte de méconnoître vos services, il doit vous être permis de les citer vous-même; et l'on m'a réduit à dire comme lui : *Si je ne parlois pas de moi, personne n'en parleroit.*

— Vous croyez-vous donc un Chevert?

— Je n'ai pas cet amour-propre, mais j'ai quelques traits dans ma vie qu'il n'eût pas dédaignés : pour moi, pour les miens, pour ceux dans les rangs desquels je me ferai toujours une gloire de marcher, je veux, je dois les faire connoître.

— On ne vous croira pas.

— En citant les faits, j'en appellerai au témoignage de personnes vivantes et connues.

— Vous allez vous perdre davantage et inutilement; vous allez déchaîner contre vous la calomnie, l'envie, éveiller la haine : oubliez-vous que la révolution n'est point terminée, que les partis sont encore en présence, et qu'ils s'agitent sourdement? Ce que vous avez fait, ce dont vous croyez pouvoir tirer vanité, va servir de prétexte à vos ennemis pour vous susciter de nouvelles persécutions. Vous en avez assez éprouvé; vous devez bénir l'inutilité à laquelle on vous a voué; elle fait votre sûreté, et devient la garantie de votre existence à venir.

— Tout ce que vous me dites affermit plus que jamais ma résolution; me montrer le danger, c'est m'ordonner de le braver. Je n'irai point, en homme pusillanime, ternir les derniers instants de ma vie. Si, dans l'age des illusions, par principe, par caractère, j'ai renoncé aux honneurs, à la fortune, lorsqu'il me falloit les acheter par des actions qui me paroissoient des crimes; lorsque seul j'ai mis ma tête sur l'échafaud plutôt que de les commettre, je n'irai point flétrir par une lâcheté une vie militaire et politique que je crois avoir passée sans reproches: on saura ce que *j'ai fait, pourquoi je l'ai fait, et de mon vivant on pourra me juger.*

— Il étoit plus simple de confier vos matériaux, et de laisser à d'autres le soin de parler de vous.

— Je sais que beaucoup de gens ont pris ce parti; mais j'ai besoin d'entrer dans des détails qu'un autre ne saisiroit pas comme moi.

— Mais, ces détails, pourrez-vous les donner sans blesser l'amour-propre de personne? Vous savez que l'amour-propre blessé ne pardonne jamais.

— Je le sais; mais cette considération ne sauroit me retenir, ou il faudroit que je renonçasse à être historien fidèle; ce qui n'est ni dans mon caractère, ni dans mes principes.

— Vous nommerez les individus?

— Oui, lorsque leur nom sera nécessaire au développement des faits. Mon intention n'est d'insulter personne, mais de dire franchement la vérité. Si, par malheur, quelqu'un se croit lésé, il aura le droit de répondre, comme j'aurai celui de rétorquer : de là naîtra infailliblement la lumière.

— Je vous ai dit ce que je pensois ; mais puisque rien ne peut vous détourner de votre projet, écrivez ; le Ciel vous accompagne et vous maintienne en paix !

— Je vous remercie.

TABLE DES MATIÈRES.

PREMIÈRE PARTIE.

SECONDE PARTIE.

Pages.

TROISIÈME PARTIE.

Pages.

Pages.

FIN DE LA TABLE DES MATIÈRES.

VIE
POLITIQUE ET MILITAIRE

DU GÉNÉRAL

A. M. G. POISSONNIER-DESPERRIÈRES.

PREMIÈRE PARTIE.

Je suis né à Paris, le 12 janvier 1763, de Antoine Poissonnier-Desperrières, médecin du Roi, inspecteur-général des hôpitaux de la marine et des colonies, chevalier de l'ordre royal de Saint-Michel, censeur royal, membre de plusieurs académies, etc., auteur de plusieurs ouvrages distingués, et de *Marie-Martel*, citée pour sa bonté, son esprit, sa beauté et son caractère. Mon père jouissoit des bienfaits de la cour, d'une grande considération et d'une fortune brillante à Saint-Domingue, fruits bien légitimes de ses rares talents.

Je fus destiné à la profession des armes : j'entrai au corps royal Artillerie, promotion de 1782. Je ne fus point élève, mais reçu officier dès mon premier examen, et nommé lieutenant en second au régiment de La Fère le 1er septembre 1782. Je n'étois que surnuméraire, mais je devins titulaire le 4 mai 1783. Je passai, en la même qualité, au régiment de Toul. Ce fut dans cette arme, pépinière d'officiers-généraux qui ont marqué, que je continuai mon service jusqu'à l'époque de la révolution.

En 1789, j'étois en congé à Paris. Né avec l'horreur du crime et des excès qu'enfantent les révolutions; ayant pour principe que, dans ces grandes convulsions des États, tout homme doit secours à son pays et à son Roi : lorsque, le 12 juillet, des brigands vinrent incendier les barrières de Paris, dès le premier appel, je me rendis à mon district; j'offris mes services, et je fus de suite choisi pour marcher à la tête d'une compagnie de citoyens armés contre une horde de brigands qui ravageoient la maison de Saint-Lazare.

Le 11 juillet, M. le marquis de La Fayette venoit d'être nommé commandant de la garde nationale parisienne. Le district Saint-Laurent s'empressa, par reconnoissance, de me signaler au général; et M. de La Fayette, à qui mon père me présenta le lendemain, sachant que j'étois en congé et disponible pour le moment, me proposa la place d'aide-de-camp, que j'acceptai avec empressement, n'envisageant que l'occasion de me rendre utile, et de contribuer à dompter le monstre révolutionnaire qui s'annonçoit déjà sous des formes si hideuses. Dès-lors, je ne cessai de marcher jour et nuit à la tête de la force armée, pour empêcher pillages et massacres. Aussi, dès ce moment, devins-je le point de mire des jacobins et des pamphlétaires, aux yeux desquels mon zèle étoit un crime qui pensa me coûter plusieurs fois la vie. Un jour que je retournois à Saint-Denis rejoindre un détachement que j'y avois conduit pour rétablir l'ordre après le massacre du maire, je me vis, à la barrière, arraché de ma voiture, maltraité par le peuple; je reçus cinq coups de baïonnette dans mes habits; je fus conduit au district Saint-Laurent, accroché à la lanterne, soulevé, et je ne fus sauvé que par les gardes-françaises de la caserne Saint-Denis, qui accoururent et coupèrent la corde.

En quittant Saint-Denis, je marchai sur Saint-Cloud avec un détachement, moitié gardes-françaises, moitié citoyens, et deux pièces de canon, pour défendre le passage du pont, et couvrir Versailles, pour lequel on avoit eu quelques inquiétudes.

Quoiqu'aide-de-camp du général en chef de l'armée parisienne, je n'oubliois pas que j'étois officier au régiment de Toul artillerie. J'appris dans mes courses que ce corps étoit mandé à Paris, et j'espérois me retrouver bientôt au milieu de mes camarades.

Un jour, en rentrant de détachement, je traversois le jardin du Palais-Royal; je trouve de cent cinquante à cent soixante canonniers de mon régiment répandus dans les cafés, et se gorgeant de punch et de liqueurs qu'on leur distribuoit libéralement. Effrayé des conséquences d'une pareille conduite, quoique en bourgeois, je n'hésite pas à me mêler au milieu d'eux; je leur parle le langage de l'honneur : il est reconnu, écouté; je les rallie, et je les reconduis à l'Hôtel des Invalides, où ils étoient casernés.

Le lendemain, ce régiment reçoit l'ordre précipité de partir. Je l'apprends; je me dispose à partager son sort; mais des ordres du général en chef m'obligent d'ajourner cette résolution; je pars pour les exécuter, et cette circonstance décide de ma destinée.

Dans ces moments de trouble, les troupes qui s'étoient approchées de Paris avoient été comme témoins de la défection du régiment des Gardes, de la prise de la Bastille, des fêtes que l'on prodiguoit aux soldats qui quittoient leurs drapeaux, et venoient se ranger sous ceux de la ville : il eût été plus que miraculeux qu'ils n'en eussent pas ressenti les effets.

Aussi vit-on arriver à Paris des milliers de

soldats de tous les corps, qu'on s'empressoit de recevoir dans la garde nationale, et de répartir dans les districts. Le régiment de Toul ne fut point exempt de la contagion générale. Près de trois cents canonniers arrivèrent à Paris, et demandèrent leur officier. Il étoit impossible de les rallier à leur corps; et néanmoins il ne falloit pas se priver des services d'hommes égarés, mais braves, que l'on pouvoit ramener à leur devoir et employer utilement. Je communiquai mes idées au général en chef, qui me donna ordre de les réunir sous mon commandement, dans la caserne de l'Arsenal, avec la qualification de *canonniers soldés de la garde nationale*, et de les porter même au nombre de trois cents, en les complétant, au besoin, d'hommes choisis parmi ceux qui, tous les jours abondoient à Paris. Ces canonniers, en raison de leur nombre et de celui des sous-officiers qui les avoient suivis, furent organisés en deux compagnies, et des officiers provisoires me furent adjoints pour les commander.

On avoit formé à l'Hôtel-de-Ville un comité pour l'organisation de la garde nationale. Le général La Fayette me fit adjoindre à ce comité, dont les membres étoient des députés de chaque district, et nommés *ad hoc*.

La garde nationale, les compagnies soldées de cette garde, la cavalerie, reçurent de ce comité leur organisation : les canonniers soldés ne purent jamais recevoir la leur. Différents projets furent successivement présentés par moi ; tous obtinrent l'assentiment du comité et du commandant général ; mais aucun ne put obtenir celui des districts. Ces sections de communes s'effrayoient d'un corps d'artillerie isolé ; elles vouloient avoir leurs canons, leurs canonniers, en un mot, leur armée particulière.

Ces compagnies restèrent donc séparées de la garde nationale, et furent réduites à ne faire que le service de grenadiers.

Ce ne fut qu'à la fédération générale qu'ils furent véritablement employés comme canonniers; ils servirent la batterie formée de toutes les vieilles pièces de canon ramassées dans les districts : il y eut même à cette époque une discussion de prééminence qui s'établit entre ceux-ci et les canonniers des gardes, laquelle manqua de devenir sanglante, et ne fut arrêtée que par le sang-froid et l'énergie que je déployai dans cette circonstance, et dont M. de La Fayette crut même devoir me remercier.

C'est pendant les premiers mois qui suivirent l'organisation provisoire de ces canonniers, qu'il m'arriva une de ces scènes révolutionnaires, qui prouvent jusqu'à l'évidence à quel point les pouvoirs étoient alors confondus, et combien étoient folles et exagérées les prétentions des individus qui se formoient en réunions patriotiques. Le fait mérite d'être rapporté.

Le prêt des canonniers se faisoit tous les cinq jours, comme celui des compagnies soldées des districts, sur un contrôle nominatif des hommes présens, lequel étoit signé du commandant. Quelques canonniers, desirant doubler leur paye, avoient été se présenter dans d'autres sections, s'y étoient fait inscrire, et, après avoir touché la paye aux canonniers, alloient la recevoir à leur nouvelle compagnie. Mais cet abus, qui, en leur imposant de nouveaux devoirs, les mettoit dans le cas de manquer aux appels, ne pouvoit exister longtemps : j'en fus instruit, et, ne voulant pas me compromettre, je m'empressai d'en rendre compte à M. de Lajard, adjudant-général de la garde nationale, chargé du détail. Nous convînmes ensemble que le prêt se feroit, jusqu'à nouvel ordre, journellement, au lieu de se faire pour cinq jours. Cette nouvelle disposition, qui contrarioit les coupables, leur causa un mécontentement qu'ils mirent leur soin à rendre général : aussi la fermentation fut-elle à son comble. Les instigateurs firent rappeler dans la caserne : ils vouloient que les canonniers se rendîssent à l'Hôtel-de-Ville; mais le bon esprit de ceux-ci l'emporta; et ce fut en vain qu'informé de ce qui se passoit, je me rendis à l'Hôtel-de-Ville, près de M. de

Lajard, pour les recevoir. Rentré le soir, je me fais rendre compte par les sergents-majors de ce qui s'est passé; je demnade si l'on a pris les noms des chefs d'émeute. Sur la réponse affirmative, j'ordonne que l'on rappelle à six heures du matin; que l'on assemble les compagnies : ce qui ayant eu lieu le lendemain, je leur expose les motifs qui ont forcé ces nouvelles dispositions, qui, d'ailleurs, ont été prises d'accord avec l'autorité supérieure. Je leur fais sentir l'inconvenance de leur conduite de la veille; je félicite les canonniers d'être revenus aux principes de discipline qui constituent les bons soldats; j'ordonne la punition du sergent, du caporal, et de trois canonniers qui avoient provoqué le murmure : je les fais conduire à l'Abbaye; et, comme ce n'est jamais en vain que l'on parle le langage de l'honneur aux bons soldats, et qu'on leur expose franchement la vérité, tout rentra nbietôt dans l'ordre. Mais les hommes punis, qui sûrement avoient leurs instructions secrètes pour semer le trouble, s'adressèrent au fameux district des Cordeliers, lequel députa près de moi des commissaires pour réclamer leur sortie. Je m'amusai fort d'une pareille ambassade; et cependant, comme ces commissaires se présentèrent sous les formes les plus honnêtes, je consentis à entrer avec eux en pourparler, bien résolu de ne rien céder à des prétentions ridicules. D'abord, je contestai l'autorité du district; j'établis en principe que je ne devois rendre compte de ma conduite qu'à M. de La Fayette; ensuite je racontai les faits, les motifs d'ordre qui m'avoient fait agir; je fis sentir la nécessité de maintenir la discipline, et je conclus à ne rien changer à mes dispositions. MM. les commissaires, fort honnêtes gens dans le fond, qui sentoient l'inconvenance de leur mission et la justesse de mes observations, étoient fort embarrassés : ils finirent par convenir qu'ils avoient plus qu'une mission, qu'ils avoient des ordres de ne revenir qu'avec les mises en liberté, et que mon refus alloit non-seulement les compromettre, mais les mettre dans le cas d'être fort mal reçus. Aussi touché de leur position qu'indigné des prétentions du district qui s'érigeoit en souverain, je leur proposai de soumettre la question aux canonniers, et que la majorité en décideroit. C'étoit risquer mon autorité; mais j'étois tellement sûr du bon esprit qui animoit les canonniers, que je ne redoutois aucune chance. La proposition fut acceptée avec reconnoissance; elle couvroit la responsabilité des commissaires. Les ordres aussitôt sont donnés : les canonniers assemblés se rendent, sans armes, à l'Hôtel-de-Ville, conduits par les officiers qui ont ordre de ne rien dire, de les placer dans la cour, et de prévenir seulement M. de Lajard. Quant à moi, je monte en voiture avec les commissaires.

Rendu à l'Hôtel-de-Ville, le cercle est formé; j'y entre avec M. de Lajard et les commissaires. Les faits posés : « Que ceux, leur dis-je, qui sont » jaloux de maintenir la discipline, et qui pen- » sent que la punition que j'ai infligée est juste » et méritée, passent à droite; que ceux qui sont » d'un avis contraire, passent à gauche. » Tous les canonniers se précipitent à droite; un sergent, un caporal seuls passent à gauche : indignés de se voir abandonnés, non-seulement ils apostrophent leurs camarades, mais, dans leur colère impuissante, ils s'oublient au point de manquer à leur chef.

Sans plus m'émouvoir, j'appelle les cavaliers de maréchaussée présents; je leur ordonne de saisir les coupables, de les conduire dans une voiture à l'Abbaye : ce qui eut lieu à l'instant; et me tournant vers MM. les commissaires : « Vous » voyez, Messieurs, ajoutai-je, à quoi mène une » démarche inconsidérée. Le district des Corde- » liers s'est mêlé d'une affaire qui ne le regardoit » pas; il a voulu empiéter sur les droits du com- » mandant en chef, qui cependant réunit la con- » fiance générale. Il vous est aisé de juger quels » auroient pu être les résultats de votre demande, » si ces braves gens n'étoient animés d'un aussi bon

» esprit. Retournez vers vos commettants, dites-
» leur ce que vous avez vu; dites-leur qu'au lieu
» de cinq soldats punis, il y en a sept; que jamais
» ils ne rentreront au corps : les uns pour s'être
» adressés au district, les autres pour m'avoir
« manqué, et que, leur punition expirée, ils se-
» ront chassés. » Ces commissaires partirent fort désappointés; ils convinrent que j'avois raison, mais ils avouèrent que le district ne céderoit pas.

Il est facile de juger l'orage qui s'éleva dans ce temple de désordre au retour des commissaires, par l'arrêté qui y fut pris. Cet arrêté mandoit le commandant pour venir rendre compte de sa conduite. M. de La Fayette, instruit de ces événements, me défendit de me rendre à l'assemblée, en m'objectant que je courrois le risque d'y être assassiné. J'insiste, et j'obtiens enfin l'autorisation d'acquiescer à la singulière invitation. A l'heure indiquée, j'arrive au district, suivi de deux de mes officiers, MM. Lebreton et Datessen, tous les trois en uniforme, *l'épée au côté*. La porte étoit fermée; mais un grand bruit se faisoit entendre. Je frappe: on m'annonce que je ne puis être reçu que dans quelques instants. Une demi-heure s'écoule; je frappe de nouveau, personne ne vient. Un pavé lancé contre la porte atteste mon impatience. On arrive enfin; je déclare que je suis las d'attendre, et que, si l'on ne me reçoit, je vais partir. L'as-

semblée, qui s'attendoit à un triomphe, se décide ; on m'introduit. Danton, le fameux Danton, présidoit. Il annonce le commandant des canonniers, qui, sur l'invitation de l'assemblée, venoit rendre compte de sa conduite, et conclut à ce qu'il soit entendu aussitôt après la délibération, dont l'objet étoit la réception de M. Linguet. La réception faite, le président m'adressa la parole : « Des sol-
» dats, me dit-il, ont été mis par vous en prison ;
» l'assemblée, qui les a pris sous sa protection,
» a député vers vous des commissaires à l'effet de
» réclamer leur sortie.

» Non-seulement vous avez refusé de vous
» rendre à ses vœux, mais de nouveaux infor-
» tunés sont allés partager le sort des premiers.
» Cette conduite blesse la dignité de l'assemblée,
» et l'a portée à vous mander pour vous éclairer
» sur vos vrais intérêts : elle ne doute nullement
» que vous ne vous fassiez un devoir de vous
» rendre à ses desirs, et de signer, avant de sortir,
» les mises en liberté auxquelles elle attache tant
» de prix. »

Les applaudissements couronnèrent le discours du président.

Je demandai la parole, qui me fut accordée. Je montai quelques gradins de l'estrade du président, et, m'adressant à l'assemblée, d'abord je contestai au district le droit qu'il s'étoit arrogé de s'immiscer dans les affaires de discipline. J'ajoutai qu'en nommant des officiers, un commandant en chef qui réunissoit la confiance générale, les citoyens s'étoient interdit d'en connoître; qu'à lui seul étoit réservée cette autorité; qu'elle étoit partie intégrante de ses fonctions; que si ma conduite avoit eu son approbation, c'est qu'elle étoit hors de tout reproche. J'exposai ensuite les dangers qui ne pouvoient manquer de résulter, pour la société, du renversement des principes conservateurs de l'ordre et de la subordination. Je rétablis les faits. Je présentai les motifs qui m'avoient déterminé à donner les ordres qui avoient excité le mécontentement de quelques brouillons. J'ajoutai qu'heureusement le bon esprit des braves canonniers l'avoit emporté sur toutes les suggestions de la perfidie; que les coupables avoient été justement punis, et que leurs camarades l'avoient tellement bien senti, que, devant les commissaires, ils n'avoient pas hésité à y donner leur adhésion, en passant à la droite de leur chef.

Ce discours, dont voilà à peu près l'analyse, quoique contraire aux principes professés par les frères et amis, et quoiqu'il blessât les prétentions de l'assemblée, fut applaudi à trois reprises, et d'une manière unanime : tant il est vrai que l'accent de la vérité, présenté avec énergie, triomphera toujours de la multitude, si des intérêts particuliers n'en viennent détruire les effets!

Vers la fin du discours, arriva Fabre-d'Églantine, qui se plaça au rang des secrétaires, et que l'on avoit envoyé chercher pour me répondre. En effet, ce fut lui qui prit la parole; et, dans un discours anarchique, il lui fut aisé de détruire l'effet des principes que j'avois cherché à établir. « Que sont, s'écria-t-il, ces canonniers que le » commandant prétend discipliner? Des sbires du » despotisme, au fond du cœur desquels le cri de » la liberté s'est fait entendre avec toute sa force. » Le même sentiment nous a réunis : ils ont brisé » les fers de l'esclavage pour venir s'unir à nous, » et défendre la cause sacrée; et ce sont les fers » de la prétendue subordination que nous leur » offririons, en échange de leur dévouement! Non, » citoyens, vous ne le souffrirez pas : ce sont des » amis, des frères qui sont venus se réunir à nous, » et nous devons les protéger, comme ils sont » accourus pour nous défendre. M. le comman- » dant parle de discipline; de quel droit pré- » tend-il les discipliner? Il est sans caractère, » sans qualité reconnue. Les districts ont rejeté » toutes les organisations proposées; ils n'ont donc » point voulu que ces braves fûssent assujétis aux » règles militaires, mais bien qu'ils vécûssent heu- » reux et libres au milieu de nous. Je conclus à

» ce que ces soldats soient de suite mis en liberté. »

Il faut avoir entendu un pareil discours pour s'en faire une idée. Je me félicitois qu'aucun des canonniers n'en fût témoin. Cependant il enleva tous les suffrages, et les applaudissements allèrent jusqu'aux transports. Dans une réponse courte et énergique, j'annonçai mon refus positif. Danton me prévint que je ne sortirois de l'assemblée qu'après avoir signé, et de suite les portes se fermèrent.

Le moment étoit pressant. « Camarades, dis-je » tout bas à mes deux officiers, *faites comme moi.* » Et me tournant vers le président : « Si l'on a, » dis-je, la prétention de me soumettre par la » force, et de me retenir prisonnier, on se trompe ; » je saurai m'ouvrir un chemin, fût-ce même sur » vos corps. M. le président, ordonnez que l'on » m'ouvre. » En même temps je me couvre, et je mets l'épée à la main ; ce qui fut imité par mes camarades. La scène commençoit à s'échauffer, et les choses étoient en cet état, quand tout à coup la tribune, qui sembloit vide, parut remplie de canonniers qui s'y étoient tenus cachés jusqu'alors. Un d'entre eux, nommé Dauphiné, prit la parole, et dit : « M. le président, nous n'entendons rien, » mes camarades et moi, à vos beaux principes de » liberté; ce que nous savons, c'est que nous sommes » venus joindre un officier que nous connoissons

» et que nous aimons; que, loin de blâmer son » autorité, nous la chérissons; qu'il a eu raison » de punir, que nous ne recevrons plus nos ca- » marades, et que c'est à tort que vous retenez » notre commandant. Allons, camarades, courons » le délivrer. »

Monter par-dessus la barre de la tribune, descendre, sabre en main, par les gradins, ne fut que l'affaire d'un moment pour ces braves qui vinrent de suite se ranger près de leur chef, au grand étonnement de l'assemblée, dont les membres, frappés d'effroi, évacuoient les bancs avec autant de rapidité que les soldats en mettoient à les franchir; jamais on ne vit une scène plus risible et plus plaisante. Le désordre étoit à son comble; en vain le président agitoit sa sonnette: il fallut qu'il implorât la protection du chef, qui, d'un mot, rétablit le calme.

« Vous venez de voir, Messieurs, continuai-je, » une preuve d'attachement et d'estime; vous » allez en voir une de cette discipline que vous » condamnez. » J'ordonnai aussitôt aux canonniers de remettre le sabre dans le fourreau; et, remettant moi-même mon épée: « Que l'on m'ouvre à » l'instant, m'écriai-je; je laisse l'assemblée à ses » réflexions; elle pourra me juger. »

Les portes furent aussitôt ouvertes, et j'emmenai mes canonniers, à la grande satisfaction des membres du district, qui certainement ne les avoient pas invités pour une pareille fin.

Déjà l'on peut voir quels étoient mes principes sur la révolution ; ils étoient ceux de tout honnête homme. Je voulois la liberté, mais je la voulois basée sur des lois fixes et invariables ; et, plus à même que personne de juger des moyens que l'on employoit pour y parvenir, j'étois effrayé des conséquences que j'entrevoyois pour l'avenir. On pourra encore mieux apprécier mes sentiments par ma conduite à l'égard de M. de Bésenval ; c'est ce qui me force à relater ici ce qui, dans ma vie, a rapport à cet officier-général.

La Commune de Paris qui, après le 14 juillet, s'étoit donné des pouvoirs qui se ressentoient de la crise du temps, avoit prononcé l'arrestation de M. de Bésenval, dont le seul tort avoit été d'obéir à ses chefs, et qui retournoit en Suisse, désolé de ne pouvoir plus être utile au Souverain près de qui les capitulations de son pays l'avoient fixé pendant plus de trente ans, et auquel il étoit attaché autant par les vertus qu'il avoit été à même d'apprécier, que par le serment qui le lioit à sa personne sacrée.

Le 28 juillet, arrive à Paris la nouvelle de l'arrestation de cet officier-général à Villenoc, et la Commune décrète qu'il sera conduit à Paris. M. de La Fayette, qui, malgré l'importance de sa place, étoit sous les ordres de la Commune, me propose d'aller mettre à exécution son arrêté : « Général, lui répondis-je avec respect, je vous » prie d'observer que je ne me suis point en- » gagé près de vous pour faire les fonctions d'offi- » cier de police, ni pour arrêter personne ; je » vous ai prouvé qu'on pouvoit disposer de mon » bras et de ma vie, mais seulement pour des » objets qui ne répugnoient pas à ma délicatesse. » Je dois à celle de ce général d'attester hautement que mon refus, non-seulement ne le blessa pas, mais qu'il ne me fit rien perdre de la confiance qu'il m'avoit accordée : car au retour de M. Necker, le 30 juillet, lorsque, sur la demande de ce ministre, la Commune arrêta à l'unanimité la liberté de M. de Bésenval, M. de La Fayette se tourna vers moi, et me dit : « Vous vous êtes » refusé l'autre jour à porter l'ordre d'arrestation ; » je ne pense pas que vous vous refusiez à porter » celui de la mise en liberté qui vient d'être dé- » crétée. » Ce que j'acceptai avec empressement et avec la plus vive reconnoissance.

Je partis de suite avec le jeune Rohan-Chabot, aussi aide-de-camp de M. de La Fayette, et deux commissaires de la Commune, qui, je crois, sont MM. Montaleau et Courberon.

Nous joignîmes M. de Bésenval à..... Nous lui annonçâmes cette bonne nouvelle, et nous nous disposâmes à le conduire en Suisse; mais, d'accord avec cet officier-général, nous crûmes imprudent, pour sa propre sûreté, de le faire de suite et directement; nous préférâmes changer de marche, revenir sur Paris, pour prendre ensuite une route plus sûre.

Pendant que nous exécutions ce projet avec le calme heureux qui devoit naître infailliblement du plaisir d'une bonne action, et des ordres positifs dont nous étions porteurs, un gendarme au galop vint à passer et à couper les voitures, ce qui fit naître parmi nous une grande inquiétude. (M. de Bésenval étoit dans une berline en avant avec les commissaires; Rohan-Chabot et moi suivions dans un cabriolet.) Nos voyageurs se crurent un moment sauvés; mais lorsqu'on fut arrivé à Brie-Comte-Robert, le même cavalier qui nous avoit recoupés et prévenus, s'avança vers la voiture, laquelle fut à l'instant enveloppée. Chabot et moi, nous nous élançâmes de notre cabriolet, et sautâmes aux portières, dont on vouloit à toute force s'emparer. Nous demandâmes à nous rendre à la Commune, et nous eûmes le bonheur d'imposer au peuple par notre fermeté.

Comme ce n'est point l'histoire de M. de Bésenval qu'il s'agit d'écrire, que ses tribulations sont assez connues, je le laisserai dans les mains de Me Bourdon de l'Oise; j'ajouterai seulement que, quelques jours après, je fus envoyé par mon général pour lever le plan du fort où étoit M. de Besenval, et demander au prisonnier sa parole d'honneur qu'il ne chercheroit point à s'échapper, afin que l'on fût autorisé à rendre sa position moins désagréable. Ma déposition au Châtelet, le 17 décembre, lors du procès de cet officier-général, relate ces faits.

Ce fut le 15 septembre que M. de La Fayette proposa au comité militaire de la Commune la nomination des majors de division de la garde nationale.

Avant de nommer les individus qu'il desiroit voir porter à ces places, il eut la bonté de me demander s'il me seroit agréable d'en faire partie. Me souvenant avec reconnoissance de l'attachement des canonniers pour moi, je regardai mon sort comme lié à celui de mes camarades, et je ne perdois point l'espoir d'arriver à une organisation définitive. Je remerciai en conséquence mon général en plein comité, lequel alors nomma MM. Dumas, de Basancourt (qui, quelque temps après, fut tué en duel), Delaleu, de Saint-Vincent, Devinezac et d'Arblay, majors de division. Ils furent agréés, et confirmés ensuite par la Commune. Quant à moi, M. de La Fayette proposa que je restâsse commandant provisoire des canonniers, ayant rang de *major de division*;

ce qui fut arrêté à l'unanimité : le titre m'en fut délivré ; ce qui fixa, pour l'avenir, mon rang lors de l'organisation de la garde nationale soldée en régiment ; ce que l'on verra par la suite.

Je ne puis passer sous silence les deux horribles journées des 5 et 6 octobre : elles tiennent à l'histoire, et joueront un grand rôle dans les fastes des révolutions. Je ne m'appesantirai pas sur des détails connus de tout le monde, et cités dans les journaux du temps ; mais je dois rendre un compte exact de la part que ma position me força de prendre à cet affreux événement. Le but de cet écrit étant un exposé fidèle des motifs qui, dans toutes les circonstances, ont dirigé mes actions, c'est d'après ma conduite dans cette fatale crise que l'on pourra me juger. Ce qu'il est surtout de mon devoir de faire connoître, et dont j'atteste la vérité sur l'honneur, c'est la réception qu'éprouva M. de La Fayette de la part des furieux rassemblés sur la place de l'Hôtel-de-Ville, lorsqu'il se rendit au milieu d'eux pour leur faire part des arrêtés pris par l'assemblée de la Commune. Toutes les propositions du général ne furent accueillies que par les cris : *à Versailles! à Versailles! à la lanterne! La Fayette, à la lanterne!* et, ce qu'il y avoit de plus inquiétant, c'est que la garde soldée ne craignoit pas de faire entendre elle-même ces cris de révolte. J'etois près du commandant en chef, sur un cheval que M le duc d'Aumont avoit bien voulu me prêter. Alarmé de ces cris séditieux qui menaçoient un général auquel j'étois attaché; effrayé des rapports qui se succédoient, annonçant que le peuple en masse se portoit sur Versailles, que des détachements de la garde nationale partoient sans ordre et le suivoient, je proposai à M. de La Fayette de partir pour Versailles, ne fût-ce que pour contenir le peuple.

— Je ne le puis sans l'ordre de la Commune, répliqua M. de La Fayette.

— Je vais le demander et vous l'apporter.

— Allez.....

Descendre de cheval, monter à l'Hôtel-de-Ville, me précipiter au milieu de l'assemblée, m'élever sur une banquette, réclamer la parole au nom de mon général, ne fut pour moi que l'affaire d'un moment.

J'exposai la position critique dans laquelle étoit M. de La Fayette, que déjà l'on menaçoit de la lanterne; les dangers que couroit le Roi, puisque tous les rapports annonçoient que le peuple se portoit en foule à Versailles, et que déjà des détachements étoient partis sans ordres; qu'il étoit urgent que M. de La Fayette se rendît aux vœux du peuple et de la garde nationale, pour recouvrer son autorité; mais que, ne pouvant partir sans l'ordre de la Commune, je venois le demander de sa part. L'assemblée se mit à délibérer; c'étoit à qui demanderoit la parole.

Au bout d'un quart-d'heure, les mêmes menaces se firent entendre avec plus de force. Indigné des lenteurs apportées dans un moment si décisif : « Eh quoi ! m'écriai-je en me levant.....
» des phrases quand il faut agir ! Entendez-vous
» ces cris : *A la lanterne La Fayette !* Si sa tête
» tombe, que deviendront les vôtres? C'est l'ordre
» qu'il me faut..... »

Il a raison !..... il a raison !..... s'écria-t-on de toutes parts ; et l'on étoit occupé à le rédiger, tel que l'on peut le lire, page 131 de l'avant *Moniteur*, quand M. de La Fayette, toujours menacé, envoya M. de La Colombe, aide-major-général, pour en presser l'expédition ; et ce fut lui qui le reçut et le porta au général, qui ramena le calme en annonçant son départ.

A peine s'étoit-il mis en route, que je fus effrayé, malgré la pureté de mes intentions, des conséquences qui pouvoient résulter du conseil que j'avois donné à M. de La Fayette. Des officiers marcher sur Versailles à la tête d'une troupe armée sans l'assentiment du Roi ! ne pouvoient-ils pas être regardés comme des chefs de révolte?

Quatre mille femmes, ou prétendues femmes, étoient déjà parties, lesquelles emmenoient pou-

3.

dre, boulets et canons; les gens qui se disoient vainqueurs de la Bastille, étoient partis sans ordre, et de nombreux détachements avoient suivi : il étoit évident que le château étoit menacé, surtout d'après l'effervescence, le tumulte et le désordre du matin : il falloit éviter de plus grands maux. Les gardes nationales, intéressées à la tranquillité, obéissantes, nombreuses, et attachées au Roi, étoient toutes encore dans Paris; c'étoient elles qu'il étoit important de conduire au secours du château et de l'Assemblée; et, pour justifier aux yeux du Roi, aux yeux de toute la France, ce que cette conduite avoit d'inconvenant, il suffisoit d'en faire connoître les motifs. Ces réflexions, qui ne tardèrent pas à se présenter en foule à ma pensée, me déterminèrent à rejoindre M. de La Fayette, que j'atteignis à la hauteur des Champs-Élysées. — « Mon général, lui dis-je, ne » seroit-il pas à propos de prévenir le Roi des mo- » tifs qui vous font marcher sur Versailles? » —« Cet avis est bon, me répondit le général; vous » m'en parlerez plus tard. »

Tourmenté de la plus vive inquiétude, je ne pus rester long-temps sans rejoindre le général; ce que je fis à la barrière de la Conférence, en lui parlant en ces termes :

« Mon général, vous m'avez prescrit de vous

» rappeler d'envoyer à Versailles pour prévenir le » Roi ; il est, je crois, plus que temps. »

— « Vous avez raison ; partez. Voyez les mi- » nistres. »

— « Vos ordres, général ? »

— « A un officier comme vous, l'on ne donne » point d'ordres ; vous avez carte blanche ; faites » ce que les circonstances vous suggéreront. »

Je partis au galop ; mais jamais mission ne fut plus difficile à remplir : il falloit traverser une foule immense ; des deux côtés du chemin, on tiroit sur moi des coups de fusil, en criant : « C'est » un aide-de-camp de M. de La Fayette qui va » faire sauver le Roi ! » Je fis le reste de la route à travers les mêmes dangers et les mêmes vociférations. Arrivé à l'avenue de Versailles, des individus sautent à la bride de mon cheval, et m'arrêtent : c'étoient encore les soi-disant vainqueurs de la Bastille. Je demande M. Hulin ; on me conduit vers lui, et je pus voir les canons, les boulets, et les grils sur lesquels on les faisoit rougir. Je m'annonçai comme apportant l'ordre de suspendre la marche et les hostilités jusqu'à l'arrivée du général. « Messieurs, dit le chef à sa troupe, M. Desperrières, aide-de-camp de M. de La Fayette, » vous apporte des ordres ; obéissons, et laissez-le » libre. » Mais la voix du chef est méconnue ; les uns veulent obéir, les autres me retenir prisonnier. Pendant cette discussion, j'eus le temps d'examiner le château; les grilles en étoient fermées; les Suisses les gardoient; le régiment de Flandre étoit en bataille dans la cour; les dragons étoient en potence à gauche, et les gardes-du-corps en avant. C'est derrière ces derniers qu'un coup de fusil partit : aussitôt un cri s'éleva des rangs des volontaires de la Bastille : « *En ligne*, » *commencez le feu.* » Ce qui eut lieu à l'instant, et me permit de m'échapper. Au milieu du feu, je me dirigeai sur l'Assemblée nationale.

J'attachai mon cheval dans la cour, et je traversois à pied la place d'armes, lorsque je me vis escorté par un individu en redingote olive, chapeau de livrée galonné en or. C'est vous, Desperrières? me dit-il; eh bien! quelles nouvelles? Surpris de cette demande de la part d'un homme que je prenois pour un domestique, je le regardai fixement, et reconnus le prince de Poix. Je l'instruisis aussitôt de l'arrivée de toute l'armée, de celle de M. de La Fayette. Je lui fis part du but de ma mission, qui étoit d'en instruire les ministres, et de les prévenir de la pureté des intentions de mon général, afin qu'ils pussent en rendre compte au Roi. Suivez-moi, me répondit le prince. Et sur-le-champ il se dirigea du côté de la chapelle, me fit monter un petit escalier dérobé (au bas duquel étoit un poste de gardes-du-corps), et, après avoir traversé une salle, m'introduisit dans le cabinet du Roi, en disant : « *Sire, un aide-de-» camp de M. de La Fayette.* » Plusieurs personnes de la cour, des ministres, et *Monsieur*, qui depuis a été *Louis-le-Desiré*, étoient près de S. M. Le Roi, d'un air calme qui n'appartient qu'à la vertu, demanda : — « Qu'est-ce qu'il y a de nouveau ? » — « Sire, je viens annoncer à V. M. l'armée » parisienne marchant sur Versailles, M. de La » Fayette à sa tête. Il s'y est vu contraint par les » plus violentes menaces, et après avoir couru les » plus grands dangers ; il ne s'y est déterminé que » dans l'espoir d'être utile à V. M. »

— « Ah ! j'ai bien craint pour ses jours, répondit cet excellent Monarque, que toutes les fureurs révolutionnaires n'auroient pu atteindre s'il eût été plus connu. Ces paroles royales furent un grand soulagement pour moi, qui me voyois déchargé du soupçon d'être un des officiers de la révolte.

— « Que me veut le peuple ? ajouta le Roi. »

— « Sire, il demande du pain. »

— « Hélas ! je ne puis lui en donner ; mais ne » seroit-il pas prudent de m'éloigner, pour éviter » de funestes conséquences ? »

— « Sire, je ne le pense pas : je n'ose prévoir » les malheurs qui pourroient en résulter pour

» V. M., et pour tous ceux qui ont le bonheur de » lui appartenir. M. de La Fayette arrive ; la » garde nationale, qui le suit, est animée des » meilleurs principes. Je ne doute pas qu'il ne » soit facile au général de contenir le peuple. »

— « C'est bon ; retirez-vous un moment, vous » viendrez recevoir ma réponse. » Je me retirai ; et dix minutes étoient à peine écoulées, que le prince de Poix m'apporta l'ordre de rentrer.

— « Retournez auprès de M. de La Fayette, dit » le vertueux et infortuné Monarque ; portez-lui » ma parole royale qu'il me trouvera à Versailles, » et dites-lui que je compte sur son zèle et sa fidé- » lité. »

— « Sire, oserois-je supplier V. M. de me faire » donner ses ordres par écrit ? »

— « Prince de Poix, écrivez. »

— « Sire, je ne puis dissimuler à V. M. que » la garde nationale maache avec ses munitions ; » il est à craindre que la malveillance ne suscite » des rixes qui pourroient causer les plus grands » malheurs. »

— « Prince de Poix, faites retirer les troupes, » et qu'on ne laisse que ma garde ordinaire. »

Le prince de Poix me remit le précieux billet, que je plaçai sur ma poitrine, et je sortis avec lui pour exécuter les ordres du Roi.

Me rappelant les difficultés sans nombre que

j'avois éprouvées pour arriver, je pris le chemin de Saint-Cloud pour retourner, et je rejoignis l'armée et M. de La Fayette à Sèvres.

Arrivé auprès du général : — « Je vous apporte, » lui dis-je, la parole du Roi ; il compte sur votre » zèle et votre fidélité. Les troupes sont retirées ; » rien ne s'opposera à votre entrée. » Le général me prit la main, et se jetant à mon cou : — « Vous » m'avez fait jouer bien gros jeu, me dit-il, et vous » venez de me faire gagner un quine à la loterie. » Ce fut avec la plus grande tranquillité d'âme qu'il fit ses dispositions pour le départ, et qu'il en donna l'ordre, convaincu des dangers réels qu'avoit courus le Roi dans cette atroce journée.

Ah ! combien je me félicitai plus tard de la démarche que M. de La Fayette avoit consenti à faire d'après mes observations ! Combien je me sus gré d'avoir osé provoquer auprès de S. M. la conversation que je viens de rapporter, et dont on peut d'autant moins suspecter l'authenticité, que je ne crains point d'en appeler au témoignage des personnes vivantes qui étoient alors auprès de l'infortuné Monarque.

Enfin, l'armée parisienne arriva sans obstacle, pour me servir des expressions mêmes de M. M***. « Parvenu jusqu'à la première grille, M. de La » Fayette somma les officiers qui commandoient » la maison du Roi, de le laisser entrer pour aller

» parler à S. M. avec deux députés de la ville » de Paris »

Ensuite il nomma l'aide-de-camp qui devoit le suivre ; et, à ma grande surprise, je vis donner à M. Jauge, banquier, une préférence que je croyois avoir méritée par ma conduite : tant il est vrai que chez les hommes l'oubli est bien près du service!

D'après les ordres du vertueux Monarque, la simple garde ordinaire étoit de service. « La pre» mière grille, qui étoit cadenassée et fermée à » clef, fut cuverte, ainsi que la seconde grille, » et M. de La Fayette, avec les députés, fut in» troduit dans le cabinet du Roi, où, suivant le » rapport de M. Monnier, étoient *Monsieur*, le » comte d'*Estaing*, le maréchal de *Beauveau*, » M. *Necker*, les principaux officiers de la garde, » le garde-des-sceaux et d'autres seigneurs. » Ce devoient être, en partie, les mêmes qui » y étoient quand j'eus l'honneur d'être intro» duit auprès de S. M.

» De retour sur l'avenue, M. de La Fayette » rapporta à la garde nationale parisienne les » réponses du Roi, et quelques paroles affec» tueuses que S. M. y avoit jointes pour la garde » elle-même. Il l'informa du décret rendu par » l'Assemblée nationale, et sanctionné par le » Roi, au sujet de l'approvisionnement de Paris ;

» de l'acceptation pure et simple de la déclaration des droits et des articles constitutionnels, enfin, de la résolution inébranlable où étoit S. M. de rester au milieu de son peuple. L'allégresse fut générale; et les habitans de Versailles s'empressèrent d'offrir leurs maisons à leurs frères de Paris.

» *M. de La Fayette consentit à placer autour du château le même nombre de gardes qui, dans les temps paisibles, veillent ordinairement à sa sûreté. Le reste des soldats-citoyens se retira, soit chez des particuliers, soit dans les églises.* Un de leurs détachements fut logé dans l'hôtel des gardes-du-corps, où il n'y avoit plus qu'une vingtaine de ces derniers. Ceux d'entre eux qui n'étoient pas nécessaires à la garde des postes intérieurs, s'étoient portés à Trianon ou à Rambouillet. Le Roi et la Reine se couchèrent vers deux heures après minuit. A cinq heures du matin, M. de La Fayette, après avoir fait la visite des postes, et trouvé partout le plus grand calme, *crut pouvoir prendre quelque repos*; mais il n'en jouit pas long-temps. »

C'est ici le reproche grave que la France, étrangère à ces crimes, que les honnêtes gens qui les avoient en horreur, que l'Europe même, intéressée à la tranquillité des empires, se sont crus fondés à faire à M. de La Fayette.

Je ne puis me permettre d'accuser le général; mais je suis forcé de convenir que s'il n'a agi que par condescendance pour la majesté du trône, il s'est cruellement compromis, et a fait courir de grands dangers au Roi, à la Reine et à la monarchie. Si, au lieu d'être congédié par le général, avec beaucoup d'autres, au retour de ma visite chez le Roi, j'eusse été admis à cette confiance que je croyois avoir acquise, certes, je l'eusse engagé vivement à ne pas risquer ainsi sa responsabilité par une faible complaisance. Je lui aurois rappelé que toute sa force consistoit dans ses bataillons de *soldats-citoyens* qu'il avoit amenés avec lui; et il en avoit de si dévoués! Je lui aurois dit qu'il falloit en remplir le château, se rendre maître de toutes les issues, et rester constamment au milieu d'eux. C'est même ce que je dis à Vinezac et aux officiers avec lesquels je m'étois retiré, et dont je partageai le logement pour la nuit.

L'événement n'a que trop justifié les craintes que j'avois manifestées. « Après la crise affreuse » dont la journée du 6 fut témoin (dit encore » M. Monnier dans son rapport), le Roi et la » Reine s'étant présentés sur le balcon, entourés » de leurs enfants et de toute la Famille royale, » LL. MM. y furent accueillies par les plus vifs » applaudissements, et aux cris réitérés de *vive le* » *Roi!* » Mais ce qu'il ne dit pas, et ce qui a un caractère particulier de respect et d'attachement, c'est que la garde nationale, rassemblée en masse dans la cour de marbre, sous le balcon même où étoit la Famille, et dans les cours suivantes, salua le Roi d'une décharge générale de ses armes, lesquelles étoient chargées à balles, et que pas une n'approcha du château; ce qui prouva à l'évidence que toute cette garde nationale étoit au Roi, et qu'il n'y avoit pas parmi elle un seul individu mal intentionné. J'étois en ce moment sur le balcon derrière le Roi et la Reine, et je puis attester ce fait sur mon honneur. En me retirant du balcon, tout ému, le Roi, m'apercevant, daigna me dire : « *C'est vous, brave jeune » homme, qui êtes venu hier?* » — « *Oui, Sire, » je suis venu annoncer à Votre Majesté de bien » fâcheuses nouvelles, mais lui offrir un dévoue» ment sans bornes : elle vient d'en voir la preuve.* » — « *Sauvez mes gardes-du-corps !* » ajouta le Roi. M. de La Fayette l'entendit : c'est ce qui amena la présentation des gardes.

Le Roi avoit annoncé qu'il se rendroit à Paris; et déjà l'heure du départ étoit fixée, lorsque M. de La Fayette, qui craignoit que le Roi eût le spectacle affreux des têtes des gardes-du-corps promenées au bout des piques, et qui étoient déjà en route pour Paris, me donna l'ordre de les joindre, et de les faire jeter dans la rivière. Le jeune

Duperreux, intendant militaire aujourd'hui, qui étoit aussi aide-de-camp de M. de La Fayette, me proposa de me suivre; ce que j'acceptai avec reconnoissance. Nous partîmes de suite au galop, et joignîmes les têtes à la hauteur de Sèvres : elles étoient portées et escortées par des individus qui n'avoient pas l'air d'appartenir à la classe du peuple. J'annonçai l'arrivée du Roi, faisant observer combien il seroit affreux de lui présenter un pareil spectacle, au moment même où Sa Majesté manifestoit plus que jamais sa confiance, en allant demeurer à Paris. « Vous avez raison, » reprirent ces Messieurs; il est un moyen d'arran- » ger cela; nous allons jeter celles-ci à l'eau, et » mettre les vôtres à leur place : voyez si cela vous » convient. » Saisis d'horreur, nous continuâmes notre route sur Paris. Arrivés à la barrière de la Conférence, dont le poste étoit fort, nous communiquâmes aux soldats de la garde nationale notre mission, et nous intimâmes les ordres du général, sans dissimuler les motifs qui les avoient déterminés. On répondit par des applaudissements; on promit d'arrêter les têtes, et de faire disparoître ces signes de malheur et de rage révolutionnaire.

Après être retournés à Versailles rendre compte de notre mission, je repartis pour Paris. Arrivé dans une maison equai des Théatins, j'y trouvai

M. le duc de Saint-Aignan, aujourd'hui pair de France, à qui je racontai, avec le sentiment de l'horreur, ce qui s'étoit passé, et j'y attendis l'arrivée du cortége dans Paris pour rejoindre mon général.

Comment, après des intérêts aussi majeurs, revenir aux simples récits de faits particuliers? C'est cependant à quoi je suis réduit. Je réclame en conséquence une grande indulgence de la part du lecteur, jusqu'au moment où ces faits se rattacheront à des événements importants.

Une insurrection eut lieu à Bicêtre parmi les condamnés détenus dans les cabanons; ils furent sur le point de forcer leur prison. Je reçus l'ordre de partir avec les canonniers pour rétablir le calme, et appuyer de la force des armes l'autorité du lieutenant du maire, M. Duport-Dutertre, lequel devoit s'y rendre à l'effet de mettre fin à la révolte et de faire punir les coupables. Ma conduite, à la fois énergique et modérée, me valut l'estime et l'amitié de ce magistrat, qui, peu de temps après, m'en donna une preuve non équivoque dans une circonstance qu'il est utile de rapporter ici, parce que les suites contribuèrent à me sauver la vie.

M. Duport-Dutertre avoit été nommé garde-des-sceaux; les nouveaux tribunaux avoient été établis, et leur première sentence porta sur un jeune homme de bonne famille, accusé injustement du vol d'un portefeuille : il avoit été condamné aux fers et à l'exposition. La famille avoit été se jeter aux pieds du Roi pour réclamer non sa grâce, mais un sursis. Le Roi, n'écoutant que son cœur, l'avoit promis ; mais le garde-des-sceaux fit observer à Sa Majesté que c'étoit le premier jugement rendu par les tribunaux nouveaux ; qu'obtempérer à la demande, c'étoit les déconsidérer : le sursis fut refusé. Cette famille, au désespoir, apprend que le ministre a quelque amitié pour moi ; et le jour même que l'exécution doit avoir lieu, la mère et la fille, vêtues de noir, se rendent chez moi dès cinq heures du matin, et, les larmes aux yeux, demandent à être introduites sans délai ; ce qui eut lieu à l'instant. Mais la douleur, qui ne calcule pas les convenances, porte ces malheureuses femmes à se précipiter à mes genoux, et à solliciter d'être conduites chez le garde-des-sceaux, appuyées des secours de l'amitié qu'il me porte. Fondant en larmes, elles m'exposent les faits, et protestent de l'innocence de leur parent avec cet accent de persuasion qui pénètre. Malgré une fièvre violente, je ne réclame que l'instant de m'habiller, et je les conduis chez ce ministre, où nous arrivons avant six heures. Tout dormoit encore ; heureusement j'étois connu du suisse ; les portes s'ouvrent ; je sollicite la faveur de parler au ministre. A mon nom, cet excellent et vertueux magistrat se lève et vient à nous. Les deux malheureuses femmes exposent leur position, et réclament un sursis, pour avoir le temps de mettre au jour l'innocence de l'être qui leur est si cher. Je les appuie de tout ce que l'intérêt peut me suggérer de plus fort. Le ministre, impassible comme la loi, persiste, allègue le refus fait au Roi, et se retire. Non, rien ne peut peindre le désespoir qui s'empare de ces infortunées; je veux en vain les calmer; c'est fait d'elles, si elles n'obtiennent leur précieux sursis. Je ne perds point encore tout espoir, tant m'étoit connu l'excellent cœur de ce ministre! Je passe chez le secrétaire; j'écris une lettre brûlante et circonstanciée; je vais jusqu'à dire que *je réponds sur ma tête de l'innocence du condamné.* Cette phrase étoit et devoit être puissante sur l'esprit et l'âme d'un ami qui m'avoit accordé son estime. Mes clientes sont rappelées : le sursis est accordé et signé. Nous partons; nous arrivons à la Conciergerie; il étoit temps, la voiture fatale tournoit dans la cour : la mère et la sœur de notre malheureux jeune homme ne savent comment m'exprimer leur reconnoissance; elle étoit si vivement sentie! on en verra par la suite les précieux effets, puisque c'est à cette jeune personne que, plus tard, je dus la vie. Le sursis eut tout l'effet que l'on en attendoit : le jugement fut cassé, et l'innocence du jeune homme proclamée à l'unanimité par un autre tribunal mieux informé.

Le 28 avril 1791, le Roi, fatigué de l'état de gêne dans lequel il vivoit aux Tuileries, projeta un voyage à Saint-Cloud. M. de La Fayette, qui redoutoit une opposition de la part de cette portion du peuple que l'on cherchoit à égarer continuellement par tous les moyens révolutionnaires, prit les dispositions qu'il crut nécessaires pour assurer le départ de Sa Majesté ; les canonniers étoient en bataille dans la cour du château même ; et ce fut devant cette troupe, étrangère à tout esprit de faction, que la voiture s'arrêta ; M. de La Fayette insista auprès du Roi, pour le faire passer et poursuivre son voyage ; les canonniers, à l'exemple de leur chef, sollicitèrent à haute voix l'honneur d'ouvrir la marche : rien ne put décider ce Monarque trop bon, qui s'effrayoit à l'idée d'une goutte de sang répandue pour assurer son autorité : Louis XVI rentra.

Le 17 juillet est célèbre dans l'histoire de la révolution : la loi martiale fut proclamée, et la garde nationale, à la voix de son chef, appuya de la force de ses armes l'effet de cette proclamation. Depuis l'événement de Varennes et le retour du Roi, le club des Jacobins, celui des Cordeliers et les sociétés patriotiques ne cessoient de provoquer le jugement du Roi et le renversement de la monarchie. Les écrivains anarchistes et incendiaires, qui étoient à leurs ordres, infectoient Paris et les départements de leurs principes révolutionnaires; l'Assemblée nationale elle-même ne se crut point à l'abri de leurs insultes : il fallut pourvoir à sa sûreté.

Tous ces prétendus patriotes avoient formé le projet de se réunir place de la Bastille, pour, de là, traverser Paris en cortége, se rendre au Champ-de-Mars, et signer sur l'autel de la patrie une pétition à l'Assemblée nationale, à l'effet de demander non-seulement la déchéance de Louis XVI, mais son jugement; ils trouvèrent cette place occupée par les troupes : il fallut donc renoncer à la première partie de leur projet; mais ils n'abandonnèrent pas la seconde, et se rendirent séparément au Champ-de-Mars. Les jacobins n'y allèrent pas; ils firent prévenir seulement qu'ils rédigeoient une nouvelle pétition qu'ils enverroient; l'impatience gagna; on en fit une, et on se mit à la signer. Les canonniers avoient reçu l'ordre d'être, dès sept heures du matin, au bout du faubourg du Gros-Caillou. Cette journée vit proclamer la loi martiale; le résultat en est connu.

J'avois conduit mes canonniers à leur caserne pour leur faire prendre quelque nourriture, et je les ramenois, lorsque, au bout du Pont-Royal, du côté des Tuileries, je rencontrai M. de La Fayette qui revenoit avec la garde nationale, et qui m'instruisit de ce qu'il venoit de faire. N'y voyant que les dangers d'une demi-mesure : « Général, lui » répondis-je, vous venez de vous perdre, et de » signer votre arrêt de mort; vous n'avez atteint » que les agents subalternes : c'est à l'antre des » jacobins qu'il faut marcher; c'est là que sont » réunis les chefs des factieux; conduisez-y votre » garde nationale : elle est électrisée, c'est le » moment; faites murer la salle, et mettez-y le » feu. » M. de La Fayette ne crut pas devoir suivre ce conseil, et annonça qu'il alloit à l'Assemblée nationale; il peut attester la vérité du fait. Le conseil étoit hardi sans doute; mais il étoit décisif; et si le général l'eût suivi, nous n'eussions eu ni le 20 juin, ni le 10 août, ni les journées de septembre, ni cette journée du 21 janvier, d'horrible mémoire, qui a reversé sur un peuple généreux un opprobre général et éternel, que cependant il ne mérite pas, parce que tous ces crimes ne lui appartiennent point; mais bien aux scélérats qui, abusant d'abord de sa crédulité, l'ont trompé, et ensuite ont fini par l'enchaîner à leur exécrable cause.

Le 3 août 1791, M. le baron Menou propose à l'Assemblée la loi qui supprimoit la garde nationale soldée, et déterminoit son organisation en régiments de ligne. Les canonniers furent incorporés dans les 13ᵉ et 14ᵉ bataillons d'infanterie légère; et ayant donné ma démission à l'expiration de mon congé, je fus, sur l'invitation même de mon général, nommé lieutenant-colonel en second au 104ᵉ régiment. M. de La Colombe, mon colonel, partit peu de temps après pour suivre M. de La Fayette, nommé général en chef. Le lieutenant-colonel en premier, M. Dubouzet, qui s'occupoit d'un mariage, me laissa entre les mains l'administration entière du régiment; et je me vis, dès mon entrée au corps, investi des fonctions de colonel.

L'ordonnance du 1ᵉʳ août 1792 venoit de paroître et d'être envoyée à l'armée; ce qui fut d'un avantage énorme pour moi : elle n'étoit encore connue de personne; c'étoit une nouvelle étude à faire, même pour les plus instruits : aussitôt l'ordonnance reçue, j'en fis l'application, et, à force de travail, de zèle et d'assiduité, en moins de six mois, officiers, sous-officiers et soldats reçurent une instruction complète.

Ce régiment, comme tous ceux qui étoient en garnison à Paris, étoit chargé de la garde de plusieurs spectacles. Feydeau (le théâtre de Monsieur alors) et le Vaudeville étoient ceux qui lui étoient particulièrement assignés. On avoit donné à ce dernier une pièce qui, sans être de circonstance, étoit cependant une critique assez amère contre un auteur en crédit, et l'un des coryphées des clubs (M. Chénier); la pièce étoit d'un auteur nommé Léger, et étoit intitulée : *L'Auteur d'un moment.* La première représentation s'étoit passée assez tranquillement, parce que les jacobins n'étoient pas en force : mais ils promirent de prendre leur revanche à la seconde représentation : ils annoncèrent d'avance leur intention de troubler le spectacle; j'en fus instruit; je consignai mon régiment, et je pris huit grenadiers de Feydeau pour renforcer la garde du Vaudeville, laquelle n'étoit que de douze hommes. Dès les premières scènes, l'orage commença, et s'accrut tellement, que le désordre étoit à son comble; plusieurs personnes même avoient été blessées; le commissaire de police parut sur le théâtre au milieu de mes deux adjudants, dont l'un étoit Hoche, qui plus tard devint général; ce sous-officier annonça qu'il étoit là pour appuyer la loi, et qu'il sauroit la faire respecter. J'étois à l'orchestre; on vint me rendre compte que les cafés et les boutiques de marchands de vins environnant le théâtre, étoient remplis de gens qui manifestoient les plus mauvaises intentions; que quelques centaines d'eux déjà s'ébranloient pour venir au spectacle; qu'ils marchoient avec des pinces pour démolir, et des flambeaux pour incendier. A cette nouvelle, je me précipite hors de la salle; heureusement le matin on avoit posé les grilles; j'envoie aussitôt au district de Saint-Roch demander du secours, et j'expédie à la caserne l'ordre de faire avancer un bataillon de mon régiment; j'ordonne que l'on ferme les grilles, que l'on ne laisse ni entrer ni sortir personne, et que l'on croise la baïonnette au dehors comme au dedans; ce qui est exécuté à l'instant: ces précautions sauvèrent le théâtre; les cohortes incendiaires furent arrêtées, mais le désordre dans l'intérieur n'étoit point apaisé : les femmes effrayées fuyoient; plusieurs d'elles ne se donnoient pas la peine de descendre les escaliers, elles franchissoient les rampes; mais personne ne pouvoit sortir, il falloit pour cela ouvrir les grilles, et, les grilles ouvertes, on couroit la chance de se faire forcer. Enfin, les renforts arrivèrent: les braves grenadiers de Saint-Roch vinrent les premiers, et furent reçus sous le vestibule; bientôt après arriva le 104.e régiment au pas de charge; il resta dehors, et fut sur le champ partagé en patrouilles fortes pour dégager le spectacle et les issues; ce qui eut lieu à l'instant, mais n'empêcha pas les personnes qui voulurent trop se hâter de sortir, d'être victimes de la fureur des factieux. Un page ne s'en retira que très-maltraité ; moi-même je pensai perdre un œil. La salle évacuée, M. Barré, directeur du théâtre, réclama une garde, qui lui fut laissée ; et le lendemain, par reconnoissance, l'administration m'offrit mes entrées, que je conservai tant que M. Barré garda la direction.

Tout le monde connoît l'affaire du régiment de Château-Vieux, qui amena les événements de Nancy : quarante soldats de ce régiment, qui avoient été renvoyés, vinrent à Paris, foyer de tous les troubles ; M. Péthion, maire de Paris, qui souffloit le feu de la révolte, et saisissoit avidement toutes les occasions d'avilir la majesté royale, fit arrêter par la municipalité qu'il leur seroit donné une fête aux dépens de la ville : leur révolte fut présentée comme une victoire pour la liberté, et des soldats coupables, mais amnistiés, furent promenés en triomphe, et offerts au peuple comme des victimes échappées à la fureur du despotisme. Des invitations, portées par députations, furent envoyées dans toutes les casernes aux sous-officiers et soldats de se trouver à la fête ; c'étoit les inviter à une insurrection. Les généraux, qui heureusement ne pensoient point comme M. Péthion, sous le prétexte d'avoir les troupes disponibles pour maintenir la tranquillité, dans le cas où elle seroit troublée, consignèrent les régiments. La position des chefs étoit embarrassante : ils avoient à combattre la curiosité naturelle des soldats, et les moyens de séduction que l'on avoit employés pour les porter à la désobéissance.

Je réunis MM. les officiers; je les engageai à être dès la pointe du jour à la caserne, à se répandre dans les chambrées, à être les premiers à se plaindre gaîment et sans affectation des contrariétés qu'ils éprouvoient d'être consignés le jour même où ils avoient des parties de plaisir arrangées, mais que, puisque tel étoit l'ordre, il falloit obéir. Ces discours, adroitement répandus, produisirent l'effet que j'en avois attendu; les soldats se consolèrent promptement, et, voyant leurs officiers prendre leur parti, ils firent de même, et il n'y eut pas un seul murmure dans les casernes.

Il ne restoit plus qu'à vaincre l'oisiveté. J'en trouvai facilement le moyen, en faisant venir et distribuer dans la caserne les jeux qui pouvoient convenir à des militaires, tels que *jeux* de *ballon*, de *boules*, de *quilles*, etc.

Les officiers donnèrent l'exemple : il fut suivi par les soldats. Je complétai la fête par une distribution, faite avec ordre, de vin, bière et vivres de toute espèce. Pas un soldat ne fut ivre, et la journée se termina à la satisfaction générale.

Le soir, après la cérémonie de Château-Vieux, il m'arriva l'ordre cacheté de déconsigner le régiment; dès que je l'eus reçu, tous m'entourèrent en disant : « Colonel, s'il faut marcher, comptez sur » nous. Quand on a un chef comme vous, on lui » obéit aveuglément. » Tels sont les soldats français. Si l'on a pu quelquefois les égarer, la faute en a toujours été aux hommes chargés de les diriger. On verra par la suite la série d'obligations que je dus à l'attachement des troupes sous mes ordres.

M. Servan, depuis ministre de la guerre, fut nommé colonel du 104e de ligne, en remplacement de M. de La Colombe; il se fit long-temps attendre, et ne vint à Paris que quinze jours avant d'être ministre : avant de se faire connoître, il voulut juger le régiment pendant huit jours. Il vint aux casernes en habit bourgeois, suivit les instructions, questionna les soldats; et, au moment où on le croyoit le plus loin, il se nomma, et fixa sa réception au lendemain.

Il manifesta hautement sa satisfaction de la tenue du régiment, et annonça son étonnement que l'on eût pu porter en si peu de temps un corps de nouvelle création à ce point de discipline et d'instruction. La comptabilité fixa surtout son attention; les masses étoient plus que complètes, les sacs garnis d'effets neufs, les magasins pleins, et 80,000 francs étoient en caisse.

Il y avoit huit jours que M. Servan étoit au régiment, que, sortant de la caserne, il me dit de monter en voiture avec lui, qu'il avoit à me parler; alors il me confia qu'il alloit être nommé ministre de la guerre, m'avouant que, pendant quelques jours avant de se faire connoître, il avoit suivi et observé le régiment, questionné même les soldats; qu'il savoit que c'étoit à moi que l'on devoit les progrès de ce corps, tandis que les autres étoient encore au pas d'école, et qu'il me prévenoit que je ne tarderois pas à en recevoir la récompense.

En effet, deux jours à peine s'écoulèrent que sa promesse se réalisa. M. Servan, ministre, fit rendre au Roi une ordonnance qui me nommoit colonel au choix, me laissant le maître de choisir mon régiment, et l'arme dans laquelle je voudrois servir.

Il est bon d'observer ici que je ne pus obtenir le commandement du 104e, vacant par la nomination de M. Servan au ministère; j'étois libre de choisir dans toutes les armes, dans tous les corps, à l'exception du 104e. On savoit trop l'ascendant que j'avois acquis sur ce régiment, et l'attachement que les officiers et les soldats me portoient; on avoit sur ce régiment des vues que contrarioit le caractère franc et prononcé que j'avois développé; il falloit lui donner un colonel qui pût en changer l'esprit : ce fut M. de La Poype, beau-frère de Fréron, que l'on choisit.

Ce motif a peut-être autant contribué à mon

avancement que ma conduite, à laquelle pourtant on donnoit des éloges que je crois mériter.

Sortant de former un régiment d'infanterie, je témoignai le desir de ne point changer d'arme; et je fus nommé colonel du 81e (Normandie) le 16 mai 1792.

Déjà mes uniformes étoient prêts, lorsque j'appris que M. le maréchal de Rochambeau avoit nommé colonel du 81e M. Dupuch, ancien lieutenant-colonel de ce corps.

Les bureaux de la guerre persistoient à maintenir le choix du Roi; mais, ne voulant pas nuire à l'avancement d'un ancien et brave officier, je m'y opposai; même je sollicitai avec instance pour que le choix de M. de Rochambeau fût confirmé, préférant attendre la première vacance. En effet, peu de jours après, je choisis le régiment de Vintimille (49e), qui venoit de se distinguer à l'armée du Nord, à l'affaire de Quesvrain, et dont le colonel, M. de Casabianca, venoit d'être promu au grade de maréchal-de-camp.

Ma nomination à ce régiment est du 27 mai 1792.

Hoche, qui, comme je l'ai dit plus haut, est devenu depuis général en chef, et qui tiendra sa place dans l'Histoire, étoit adjudant-sous-officier au 104e régiment: déjà, à trois reprises différentes, il n'avoit pu passer sous-lieutenant, au choix des officiers : me voyant promu au grade de colonel, et quitter le régiment, il vient chez moi, les larmes aux yeux, me prier, à quelque prix que ce fût, de le faire sortir du 104e, où le corps d'officiers paroissoit si peu disposé en sa faveur. Plein d'attachement pour Hoche, dont j'estimois la tenue, l'activité et l'instruction, j'en parlai au ministre de la guerre avec toute la chaleur du plus sincère intérêt.

Le lendemain, il me fit signer un engagement de garantie des principes et de la moralité de Hoche, et me remit pour lui, non un brevet de sous-lieutenant, mais un brevet de lieutenant au deuxième bataillon de Rouergue, en garnison à Thionville.

On peut se faire une idée de l'étonnement et de la joie de Hoche quand je lui remis son brevet; pourquoi faut-il qu'il ait payé la dette de la reconnoissance par la plus noire ingratitude?

J'ai dit que j'appartenois à une famille riche; sa fortune consistoit principalement, et presque exclusivement, dans une habitation à Saint-Domingue, au port Margot, dans les mornes, à neuf lieues du Cap. L'immensité des mers ne put arrêter le fléau révolutionnaire; Saint-Domingue en fut infecté; et quelques jours suffirent pour ravager et détruire de fond en comble la plus belle des colonies.

Avant de partir comme colonel, je demandai au ministre, et j'obtins la permission de rester encore un mois lieutenant-colonel au 104ᵉ, pour y terminer l'instruction; ce fut au bout de ce temps que je présentai ce corps, dans les Champs-Élisées, aux ministres, à M. de Wintenkof, inspecteur des Suisses et commandant la 1ʳᵉ division, et au général Chambonas, commandant Paris et le département : le 103ᵉ régiment se prêta à fournir quatre cents hommes pour faire l'enceinte. M. de Wintenkof fut plus de quinze jours avant de consentir à voir manœuvrer le régiment; il alléguoit que, comptant à peine six mois d'existence depuis sa formation, il étoit impossible qu'il fût en état de se montrer; citant, à l'appui de son assertion, les autres corps de même formation qui étoient encore au pas d'école.

Enfin, je l'emportai, et j'eus la satisfaction de voir le plus étonnant succès couronner ma démarche, et d'entendre ce vieux général suisse s'écrier : « *Bravo! bravo!* Je croyois qu'il n'y avoit que » des Suisses qui pouvoient manœuvrer avec cette » précision ! »

L'ordonnance de 1791 à peu près épuisée, M. de Wintenkof, après avoir témoigné son contentement, vouloit qu'on défilât. Je sollicitai la permission de lui montrer quelques manœuvres dont l'idée m'appartenoit; ce qui me fut accordé. Je fis plusieurs mouvements sans temps d'arrêt, et je présentai ma colonne contre la cavalerie; la satisfaction que manifesta ce vieux et digne général, dont l'approbation n'étoit pas un mince succès, me donna dès-lors l'ambition de faire un ouvrage dont je parlerai par la suite. J'ai annoncé dans mon introduction que je citerois tous les témoins à l'appui des faits que j'avancerois; j'en appelle pour ceux-ci à M. de Chambonas, à M. le général Digeon, aide-de-camp du Roi, lieutenant alors dans ce régiment, au général Piquet, et à tous les officiers de ce corps qui peuvent être restés vivants.

C'est ce jour même que je cessai toutes fonctions au 104ᵉ régiment; j'ordonnai la mise en liberté de tous les soldats détenus pour fait de discipline, une distribution de pain, vin et viande, à mes frais (j'étois riche alors); j'invitai tout le corps des officiers à dîner chez mon père, rue de Richelieu, et je procurai à ce vieillard respectable le spectacle bien doux pour un père, des regrets que mes camarades témoignèrent de me perdre. Plus de cinquante officiers ne craignirent pas de verser pour moi des larmes; et dès que j'eus quitté le corps, quinze officiers passèrent dans un autre, ou donnèrent leur démission. Excellent régiment! dont on ne put détruire l'esprit: on fut obligé de le renvoyer de Paris pour faire le 10 août. Il partit le 17 juillet. Voyez le décret du 15.

C'est quelques jours après que mon père reçut une lettre de M. de Montaudouin, son correspondant de Nantes, qui lui annonçoit la ruine totale de son habitation, sur laquelle le premier camp nègre s'étoit établi. « Mon père, m'écriai-je » en l'embrassant, je vous dois le jour et mon » éducation, une belle carrière s'ouvre devant » moi ; si l'honneur suffit pour la parcourir, je » pourrai m'acquitter vis-à-vis de vous, et votre » fils n'oubliera jamais que c'est à vous qu'il » doit ce qu'il est. » Pourquoi faut-il que les circonstances révolutionnaires ne m'aient pas permis de remplir ce devoir aussi complétement et aussi avantageusement que mon cœur l'auroit desiré !

Je me disposois à partir pour l'armée ; déjà présenté par le ministre de la guerre, j'avois eu du Roi mon audience de congé, lorsque les révolutionnaires préludèrent par le 20 juin à l'horrible journée du 10 août.

Le peuple égaré se porta en factieux au château ; il y traîna des pièces de canon : l'une d'elles fut montée au haut du grand escalier, à l'entrée de la salle des gardes, et les brigands furent maîtres du palais.

J'apprends cette nouvelle ; je me précipite au

château en uniforme de colonel de Vintimille. La foule s'ouvre; je saute par-dessus la pièce de canon; je pénètre dans les appartements, et je trouve le Roi, l'infortuné Louis XVI, dans l'embrasure d'une croisée; sur-le-champ je me place devant lui, et le couvre de mon corps: Acloque, ce digne chef de division de la garde nationale, et plusieurs officiers dévoués, tant de ce corps que de la maison du Roi, complétoient ce dernier rempart du trône.

C'est pendant les heures qui suivirent que ce monarque fut contraint, dans l'espoir de calmer la sédition, de boire à même d'une bouteille de vin, et de se coiffer du signe de la révolte, de l'infâme bonnet rouge. Le but de la rébellion manqué, Santerre sollicita, pour couvrir ses horribles projets de l'assentiment royal, sollicita, dis-je, pour le peuple insurgé, l'honneur insigne de défiler dans les appartements devant le Roi, la Reine, le Dauphin et toute l'auguste et infortunée Famille.

C'est alors que Louis XVI, me frappant sur l'épaule, me dit: « Desperrières, je crois n'avoir » plus rien à craindre *pour moi, je vous remercie* » *de votre dévouement; mais voyez la Reine,* » *sachez ce qu'elle vous veut, et prenez ses* » *ordres.* »

Je m'empressai d'obéir au Roi; j'allai me pré-

senter à la Reine, qui étoit à l'autre bout de l'appartement, et je reçus ses ordres ainsi : « Colonel, je connois votre dévouement pour » notre Famille : ces scélérats ont demandé à » défiler devant le Roi et le Dauphin; je trem- » ble pour les jours de mon fils; jurez-moi, » Desperrières, de le défendre : c'est à vous que » je confie ce dépôt sacré, l'espoir de la France. »
On devine aisément quelle fut ma réponse : « Mettez-vous là, me dit la Reine, en me plaçant » derrière une grande table couverte d'un tapis » vert; et, me remettant son fils dans les bras, » elle ajouta : Mettez votre chapeau, vous êtes » ici de service (1). » Le cortége infâme commença à défiler à travers les appartements, entrant par le grand escalier, et évacuant par le salon de Diane; c'est alors que l'on vit le spectacle vivant et hideux de tout ce que le crime, dans ses fureurs, peut produire d'épouvantable.

Les hommes, la figure barbouillée, les bras nus, portoient au bout des piques des foies et des cœurs d'animaux encore tous saignants; la Reine, pleine d'effroi, un bras passé sur moi, pressoit son fils de l'autre, inondant de ses larmes mes mains et le visage de l'auguste enfant.

Santerre, placé à l'extrémité droite de l'appar-

(1) C'étoit me constituer capitaine des gardes.

tement, du même côté que le Roi, les yeux fixés sur moi, dévoroit le Dauphin. Ne perdant pas Santerre de vue, j'étudiois ses mouvements, prêt à soustraire mon précieux dépôt au moindre signe, et à opposer le fer et mon corps pour assurer sa retraite et sa vie.

Enfin, l'odieux cortége du crime s'écoule, la vertu respire; la Reine, tout émue, prend son fils, et se retire dans les petits appartements avec le Roi et la Famille. Mais bientôt cette auguste Famille, revenue de sa première agitation, pressée par la reconnoissance, envoie chercher le colonel de Vintimille. Le cœur oppressé, les yeux baignés de larmes, j'avois été me retremper dans le sein de ma famille, à laquelle je m'étois empressé de raconter les événements de la journée.

Rentré à onze heures du soir, je trouve le messager du Roi qui m'attendoit depuis une heure. Je reçois les ordres de LL. MM., et je me rends au château.

Quelle scène de bonheur m'y attendoit! Le Roi, assis au milieu de la salle, entouré de quelques serviteurs fidèles, m'ouvre les bras; je me précipite à genoux, et je ne me relève que couvert des larmes et des embrássements de mon Roi. Plus loin, derrière le Roi, se trouvoit la Reine : même scène de douleur, d'attendrissement et de bontés infinies.

Un dernier assaut étoit réservé à mon âme, et devoit la pénétrer d'un attachement et d'un respect éternels.

Madame Elisabeth, assise sur une banquette en avant et à la droite du Roi, avec le ministre Chambonnas, fondoit en larmes; elle lève les yeux sur moi, et demande : « *Quel est cet officier?* » — « C'est celui que V. A. R. a desiré voir, lui ré- » pond M. de Chambonnas; c'est celui qui a cou- » vert le Roi de son corps, et qui a été appelé à » l'honneur insigne de tenir le Dauphin quand les » brigands ont défilé. » Sur cette réponse, cette illustre princesse, qui le croira! la plume se refuse à l'écrire, le cœur entraîné par la reconnoissance, dominée par le sentiment fraternel, se lève et se précipite à mes genoux; je la supplie, en sanglottant, de respecter en elle la majesté royale: « *Non, non,* dit madame Elisabeth, *vous êtes » un dieu pour moi, vous avez sauvé mon frère.* » Et voilà les êtres qu'ils ont assassinés!... Tel fut le résultat de cette journée horriblement mémorable.

Le régiment de Vintimille étoit à l'armée; les hostilités étoient commencées. Déjà le corps s'étoit distingué : l'honneur commandoit au colonel de le rejoindre. Je me disposois à partir, quand M. de Chambonnas vint me trouver un soir, et m'engagea, de la part du Roi, à différer de quelques semaines mon voyage; attendu que M. de Romainvillers, chef de division de la garde nationale, alloit prendre sa quinzaine comme général en chef (1); que son grand âge donnoit de l'inquiétude, et que le Roi verroit avec plaisir que je remplisse auprès de lui les fonctions de chef de l'état-major, ou au moins d'aide-de-camp, pendant cette quinzaine, pour l'aider, en cas d'événement, de mes avis et de mon activité, et de la connoissance que je devois avoir des bataillons de la garde nationale, à l'effet d'en disposer suivant les circonstances. C'étoit un ordre; je n'avois qu'à obéir; cependant j'objectai la délicatesse de ma mission près de M. de Romainvillers, qui pourroit s'en formaliser s'il n'étoit prévenu; le ministre se chargea de tout aplanir: mon départ fut donc différé. Je me présentai à M. de Romainvillers, qui me reçut bien; mais il me fût aisé de juger que nous serions fort heureux si notre temps de service se passoit sans événement; ce qui eut lieu cependant.

C'est dans l'intervalle de temps qui s'écoula

(1) Depuis que M. de La Fayette avoit quitté le commandement de la garde nationale, il avoit été arrêté qu'il n'y auroit plus de commandant en chef; que les chefs de division commanderoient en chef alternativement pendant quinze jours : ce qui détruisoit l'unité étoit plus avantageux aux factieux.

entre le 20 juin et mon départ, que j'eus l'avantage infini de voir quelquefois le Roi particulièment. Sa Majesté, sûre de mon dévouement, m'avoit autorisé à lui parler avec toute confiance; j'osai en user, et lui offris quelques moyens énergiques de sortir de la crise, me chargeant de l'exécution sur ma tête; mais telle étoit la bonté infinie de cet infortuné monarque, que plutôt que de voir une goutte de sang répandue pour lui, il aima mieux devenir la victime de ses bourreaux.

Quelques jours après le terme du commandement de M. de Romainvillers, je partis pour l'armée avec M. Bourdet, capitaine dans mon régiment, lequel voulut me conduire et me présenter. Il n'est point de service que ne m'ait rendu cet officier bien pensant : puissent les circonstances me mettre un jour à même de les reconnoître, et de payer vis-à-vis de lui la dette de l'amitié et de la reconnoissance !

SECONDE PARTIE.

Ce fut au camp de Famars que je rejoignis mon régiment, ou du moins le bataillon de campagne, qui y étoit employé (1). La manière dont m'avoit annoncé le capitaine Bourdet, qui avoit été témoin à Paris de l'attachement du 104e régiment pour moi, me procura la réception la plus flatteuse, et me valut sur-le-champ cette confiance qui contribue si puissamment au maintien de l'ordre et de la discipline, et le premier sentiment dont tout bon chef doive être jaloux.

Reçu au bataillon de campagne, M. le maréchal Lukner me donna l'ordre de me rendre sans délai au Quesnoy, où le second bataillon étoit en garnison, à l'effet de m'y faire reconnoître, et de revenir au camp prendre le commandement de mon bataillon de campagne. Le lieutenant-colonel en premier commandoit ce deuxième bataillon.

(1) A cette époque les régiments qui n'étoient que de deux bataillons étoient partagés en bataillon de campague et bataillon de dépôt. Celui de campage étoit de mille hommes, et celui de dépôt devoit le tenir perpétuellement au complet par des détachements exercés.

C'étoit un ancien officier du régiment, jouissant d'une confiance méritée, qui, s'attendant à être promu au grade de colonel, voyoit ma nomination d'un mauvais œil.

Arrivé le soir au Quesnoy, je me présentai chez le lieutenant-colonel, qui, non-seulement me fit connoître combien ma nomination lui étoit préjudiciable, mais même s'oublia au point de me dire qu'il ne donneroit point d'ordre pour assembler le bataillon, et me faire reconnoître. Rentré chez moi, j'envoyai chercher l'adjudant-major; je lui communiquai mes lettres de services, et lui prescrivis d'assembler le bataillon le lendemain, à neuf heures, afin de procéder lui-même à ma réception, dans le cas où le lieutenant-colonel s'obstineroit à s'y refuser. Cet acte d'autorité réussit, et ramena le chef, qui étoit trop bon officier pour ne pas sentir promptement sa faute, et qui se rendit lui-même sur le terrain pour reconnoître et faire reconnoître son colonel.

Cette cérémonie finie, j'acceptai chez lui le dîner d'usage, pour lui prouver que je ne conservois aucun ressentiment; plusieurs officiers du régiment, et des officiers du génie et d'artillerie employés au Quesnoy, étoient également invités. Le dîner commença assez bien; mais le lieutenant-colonel, qui ne pouvoit dissimuler son mécontentement, hasarda quelques réflexions mortifiantes sur l'abus d'envoyer dans les corps de jeunes officiers, au préjudice des anciens. Ces petites apostrophes donnèrent lieu à quelques sourires malins de la part de quelques officiers, paticulièrement de ceux du génie. Tout jeune que j'étois, je conservai tout mon sang-froid : ce qui donna encore plus de prise à la malignité. Cependant, au dessert, je crus devoir mettre un terme à cette scène scandaleuse, et me tournant vers mon lieutenant-colonel : « Voilà, lui dis-je, monsieur, assez long-temps que vous exhalez votre » mauvaise humeur contre ma nomination; si le » choix du Roi vous déplaît si fort, c'est à moi de » le justifier ; et, ôtant une de mes épaulettes, » entre vous et moi, ajoutai-je, la différence n'est » que d'une épaulette; nous voici égaux, voyons » qui de nous deux mérite le plus de commander » le régiment; ces messieurs, qui vous ont entendu, et qui ont applaudi à vos plaisanteries, » voudront bien nous servir de témoins. »

Le ton honnête, mais ferme, avec lequel ce cartel fut présenté, fit taire les ricanements indécents, et ramena totalement ce brave lieutenant-colonel, qui se reprocha ses torts, et devint par la suite parfait avec moi; l'amitié la plus tendre nous unit, même au point que, plus d'un an après, lorsque, victime des mesures de terreur, je fus suspendu de mes fonctions comme noble, ce digne homme, qui étoit alors en retraite, m'offrit, à ses risques et périls, un asile assuré à sa campagne.

De retour au camp, l'armée du Nord fit un chassé-croisé avec celle de M. le marquis de La Fayette. Cette dernière vint au Nord, et celle de M. le maréchal Lukner arriva sous Metz. Rendu en cette position, je fus choisi par le maréchal pour commander le premier bataillon de grenadiers réunis à la réserve, sous les ordres du général Valence, le commandement de ce bataillon étoit vacant par la nomination du colonel de Laage au grade de maréchal-de-camp.

Le 10 août, d'exécrable mémoire, venoit d'être connu à l'armée, et n'y avoit produit que la plus grande indignation ; déjà l'armée de La Fayette s'étoit prononcée ; celle de Lukner brûloit de le faire ; ce général en chef s'y opposa : l'échafaud a été sa récompense. Comme ce trait tient à l'histoire, il est du devoir de l'écrivain de relater ici les circonstances qui caractérisèrent cette indignation générale, qui eût sauvé la France, si on avoit su en profiter ; et l'opposition formelle que ce maréchal apporta au vœu manifesté par son armée, de marcher sur Paris, de délivrer le Roi, et de faire justice de l'Assemblée qui avoit osé commettre ou sanctionner un pareil crime. Voici les faits, lesquels vont prouver jusqu'à l'évidence que, malgré tous les soins que l'on avoit pris pour travailler l'armée, et la porter à se débander, l'honneur français n'avoit cessé d'y exister, et que ses rangs pouvoient, à juste titre, être regardés comme son dernier refuge.

Le 10 août connu, une juste indignation gagna toutes les classes; sous-officiers et soldats la manifestoient hautement à leurs officiers; ceux-ci coururent chez leurs colonels respectifs; ces derniers s'assemblèrent, et ce fut dans ma tente qu'ils se réunirent pour protester et demander le redressement d'un pareil attentat. Je fus chargé de rédiger l'adresse à M. le maréchal; et, une fois signée, ce fut encore moi que l'on chargea de la lui porter à son quartier-général de Frescati. Je montois l'escalier du château en même temps qu'un monsieur, qui, d'après ce qu'il m'apprit, étoit le président du département des Ardennes, et venoit offrir au maréchal des subsides au nom de neuf départements. Sa confiance excita la mienne, et je lui appris que j'étois porteur d'une adresse des colonels de l'armée, offrant de marcher sur Paris, pour punir l'attentat du 10 août! « Brave jeune homme, s'écria- » t-il, entrons ensemble chez le maréchal. »

Nous le trouvâmes seul, et nous restâmes auprès de lui plus de deux heures sans pouvoir en rien obtenir; j'étois électrisé, mes paroles étoient brûlantes; à trois reprises différentes, je fis fondre en larmes le vieux maréchal: je lui rappelai les bienfaits qu'il avoit reçus du Roi, les dangers que couroit son auguste bienfaiteur, s'il ne se rendoit aux vœux de l'armée; je lui présentai les moyens d'exécution comme certains, et je ne demandois que son approbation pour que l'armée fît justice des représentans coupables. « Un seul mot de vous, » M. le maréchal, ajoutai-je avec l'accent de l'in- » dignation, et nous marchons sur Paris en co- » lonne serrée en masse, campant partout, en » bataillon carré; ne laissant personne approcher » de l'armée, nous bornant à la flanquer et à » l'éclairer avec les volontaires fidèles qui ne » manqueront pas d'accourir en foule; au centre » du carré, seront placés comme otages les pères, » mères, épouses et enfants des députés des pays » que l'on aura parcourus : ces mesures sont in- » faillibles, et les subsides assurés ».

Il est bon d'observer qu'une suspension d'armes de deux ou trois mois avec les armées étrangères devoit précéder ce mouvement; mais il falloit un autre homme qu'un vieillard pour sentir la gloire d'une pareille démarche, et veiller à une aussi brillante exécution. Des larmes abondantes furent sa seule réponse, et elles couloient encore, quand les battants s'ouvrirent : l'on annonça les généraux de l'armée. Le vieux maréchal, tout honteux d'être surpris en pleurs, s'écria : « Que » dites-vous de ce jeune colonel qui veut me

» faire marcher sur Paris? » Il est aisé de juger de ma surprise à une pareille déclaration. Je sentis vivement le danger de ma position; mais je fis bonne contenance. « Messieurs, ré-
» pondis-je, M. le maréchal est dans l'erreur,
» il n'a pu être question de cela : seroit-il natu-
» rel et vraisemblable qu'un homme de mon âge
» fût assez hardi pour donner des conseils à un
» homme de l'âge de M. le maréchal? » Cette dénégation, prononcée avec assurance, ne donna point le change aux généraux, mais ne fut pas relevée par le maréchal, qui d'un mot pouvoit me confondre, puisqu'il avoit dans les mains la pétition des colonels.

Je dois à la justice de dire que MM. Berthier, chef d'état-major, d'Harville et Wimpfen, me témoignèrent, en sortant, le plus vif intérêt, ils me firent de tendres reproches sur mon imprudence; et, quoique ces messieurs ne professâssent pas la même opinion politique, la dénonciation du maréchal n'eut aucune suite, pour moi, du moins, pour le moment. Une conduite tout-à-fait opposée de la part du maréchal pouvoit avoir la plus grande influence sur les destinées de la France, et lui sauver la honte du plus grand de tous les crimes. L'on va voir maintenant quelle étoit l'opinion de l'armée.

Quelques jours se passent. Les réprésentants,

non du peuple, mais de la faction, arrivent : c'étoient Laporte et le fameux Maignet, si connu depuis par l'incendie de *Bédouin;* ils viennent proclamer leurs exploits et recevoir le serment de *liberté* et d'*égalité*. L'armée prend les armes, et la réserve, comme placée le plus près du grand quartier-général, est la première appelée à l'honneur de manifester ses sentiments : elle étoit composée de six bataillons de grenadiers et du régiment des carabiniers ; elle est formée en carré : les grenadiers bordent trois côtés; les carabiniers, le quatrième. Les réprésentants entrent dans le carré, et Maignet, après un discours tel qu'on pouvoit l'attendre de lui, lève son chapeau en l'air, et se met à crier : *Vive la liberté! vive l'égalité!* Le plus grand, le plus morne silence règne dans tous les rangs; Maignet, étonné, suivi de ses collègues, recommence son cri favori en ajoutant : *Allons, enfants de la patrie, criez avec nous : Vive la liberté! vive l'égalité!* Même silence. Enfin, sur une troisième interpellation, les grenadiers, comme d'un commun accord, s'écrient : *Point de Roi, point de grenadiers! vive le Roi!* Cinq ou six carabiniers au plus lèvent, agitent leurs sabres, et profèrent le cri révolutionnaire. Les représentants ne peuvent dissimuler leur mécontentement : les rangs sont rompus ; ils se rendent à l'armée : mais, ou le coup étoit monté et préparé, ou la conduite de la réserve les y devança; car aux cris de *vive la liberté! vive l'égalité!* tous les rangs répondirent par celui de *vive le Roi! point de grenadiers, point de soldats! vive le Roi!*

Cette réception donna beaucoup d'humeur à MM. les représentants, à qui il fallut offrir en holocauste une victime; je fus désigné, et bientôt après, l'on apprit que le représentant Laporte, en rendant compte de sa mission et de son peu de succès, avoit demandé à la tribune, que le colonel de Vintimille fût tenu de venir rendre compte de sa conduite à la barre : ce qui étoit demander sa tête; ce décret fut rendu le 5 septembre, époque où l'on égorgeoit dans les prisons.

Quelque temps après, M. le maréchal Luckner fut nommé au commandement général des armées de l'intérieur, et le général Kellermann vint le remplacer. Le général Jarry, qui commandoit l'avant-garde, étant passé à l'ennemi, le général Valence fut appelé momentanément au commandement de cette avant-garde, et il me demanda pour me mettre à la tête de son bataillon de grenadiers.

Il est une circonstance qu'il n'est pas indifférent de rapporter ici par l'influence qu'elle eut sur l'esprit de ces grenadiers, qui passoient généralement dans l'armée pour être indisciplinables ; l'on verra plus tard comme ils avoient été mal jugés.

Ce fut au bivouac de Voissy, on y eut une alerte ; le calme ayant succédé, j'allai me chauffer à l'un des feux des grenadiers, autant pour chercher à les connoître, que pour me faire connoître moi-même ; la conversation roula naturellement sur la campagne qui étoit ouverte. Un caporal de Beauce se permit de me dire : « *Mon colonel,*
» *vous êtes un officier de l'ancien régime ; vous*
» *pourriez bien penser comme ces messieurs qui*
» *sont de l'autre côté ; prenez-y garde, car mon*
» *premier coup de fusil seroit pour vous.* »

Cette apostrophe ayant fait rire les grenadiers, je sentis que j'aurois mauvaise grâce de m'en fâcher ; je répondis aussitôt : « Caporal, j'accepte
» votre proposition, toute incivile qu'elle est ;
» mais il n'est pas de bon contrat s'il n'est sylla-
» nagmatique ; nous sommes à l'avant-garde, les
» grenadiers doivent voir le feu de près : je suis
» chargé de vous conduire, comportez-vous-y
» comme un caporal de grenadiers doit le faire ;
» car je vous déclare que si vous pâlissez, la garde
» de mon épée vous servira d'emplâtre. » Cette réponse, faite d'un ton ferme, mais calme, rangea les rieurs de mon côté ; les grenadiers crièrent : *Bravo !*

L'on verra plus tard quel parti je tirai de cette conversation de bivouac, pour gagner la confiance des grenadiers, sentiment dont tout chef doit être le plus jaloux; une fois qu'il l'a inspirée, il peut tout entreprendre.

Quelques jours après, le général en chef augmenta les grenadiers d'avant-garde de deux bataillons de grenadiers de ligne et d'un bataillon de grenadiers volontaires, ce qui en fit une brigade de 2,500 grenadiers sous mes ordres. Le général Desprez de Crassier, ayant pour aide-de-camp Schérer, devenu depuis ministre, vint prendre le commandement de toute l'avant-garde, et le général Valence retourna à la réserve. Cette augmentation de grenadiers se fit pendant la marche de l'armée du pays Messin en Champagne, où devoient être arrêtés les succès des Prussiens, qui, après être entrés à Longwy et Verdun, marchoient sur Paris.

Le 19 septembre, l'avant-garde prit position en arrière du moulin de Valmy, et j'eus mon quartier chez madame de Dampierre, dont le mari avoit eu le bras cassé à Varennes. Vingt-trois officiers soupèrent dans le château, et l'indignation sur le 10 août fut manifestée en termes même peu mesurés; ce qui étonna beaucoup madame de Dampierre, qui ne pouvoit se faire à l'idée de trouver tant de royalistes sous des bannières insurgées. Qui eût cru alors qu'une armée aussi exaspérée, forte seulement de 22,000 hommes, mais de bonnes troupes, presque toutes royalistes, arrêteroit l'armée prussienne, qui venoit, disoit-elle, pour sauver le Roi? Un seul mot suffira pour expliquer ce miracle, comme deux mots ont suffi pour l'opérer.

A trois heures du matin, l'armée prussienne défile sur le flanc de l'armée française, pour tâcher de s'ouvrir un passage; des lettres sûres, parvenues à des officiers et à des soldats, courent de rang en rang; elles apprennent que les Autrichiens plantent leurs aigles sur les places du Nord qu'ils ont prises; et que les Prussiens en ont fait autant dès leur entrée à Verdun et Longwy. Les officiers se réunissent en groupes, voient que la cause du Roi paroît totalement oubliée, et que c'est pour eux seuls que les ennemis envahissent le territoire; l'indignation s'empare des esprits; elle devient générale : *On veut nous Poloniser!* est le cri universel; les officiers s'embrassent, jurent de faire leur devoir, et d'être Français avant tout; la journée a prouvé si ce serment avoit été rempli.

C'est ici et de ce moment que commença ma carrière militaire; fidèle à l'honneur, je vais prouver que si je savois servir mon Roi, je savois également servir ma patrie.

L'armée prit position en arrière du moulin de Valmy, où fut établie une batterie de vingt-quatre pièces de canon de position, à laquelle répondit une batterie de même force; et toute cette journée se passa presque en canonnade.

La brigade de grenadiers d'avant-garde fut envoyée à la gauche, pour couper aux Prussiens la route sur laquelle ils s'avançoient en colonne.

La plaine presque traversée, je me portai en avant pour reconnoître la position; je ne tardai point à remarquer que l'armée ennemie étoit arrêtée et rangée en une seule colonne, dont je ne pus apercevoir la fin : huit pièces de canon de position étoient en tête; j'accourus en rendre compte au général Desprez Crassier, qui m'ordonna de me développer, la droite au chemin, un escadron des carabiniers étant à la droite du chemin pour m'appuyer; et de faire commencer l'attaque par l'artillerie de l'avant-garde; laquelle ne consistoit qu'en quatre pièces de quatre. Je prévis et je plaignis le sort de ces pièces; néanmoins, je donnai l'ordre au capitaine, et, desirant ménager autant que possible mes grenadiers, je profitai du revers de la montagne pour les mettre à couvert, et j'ordonnai le développement. Trois bataillons seulement purent se former, et le quatrième, celui des grenadiers nationaux, resta à gauche en colonne serrée. Les grenadiers ainsi formés ne montrèrent que leurs pompons, ou l'extrémité de leur bonnet; ce qui ne contribua pas peu à les sauver; ce mouvement exécuté, je me portai de ma personne sur la hauteur avec le lieutenant-colonel Laubadère, qui commandoit un bataillon sous mes ordres.

Mais l'ennemi qui, pendant ce mouvement, croyoit que nous venions nous joindre à lui, nous avoit attendu l'arme au bras. A peine eut-il éprouvé le feu de notre batterie, qu'il riposta du feu de ses huit pièces, et démonta nos pièces de campagne, les fit charger, s'en empara, ainsi que du capitaine, et continua son feu; mais les grenadiers, placés sur le revers, n'en furent que foiblement atteints. Averti par un carabinier qui déserta et leur dit : *Ils sont trop près, et vous tirez trop haut*, le commandant prussien fit tirer à mitraille et envoya l'ordre à quinze pièces de canon placées sur le flanc des grenadiers, de faire de même, alors vingt-trois bouches à feu, à demi-portée de fusil, foudroyoient ces grenadiers, lesquels, se baissant, ramassoient à pleines mains les biscaïens qui pleuvoient autour d'eux.

J'étois sur les hauteurs, et je me ressouvins alors du caporal de Beauce : je me porte de suite au 1er bataillon, devant cette compagnie, et je demande où étoit le caporal du bivouac de Voypi : « Venez, lui dis-je, caporal, j'ai

» fait mon devoir, comme chef, en mettant mes
» grenadiers à couvert; mais, pour bien entendre
» siffler le biscaïen, c'est où je suis qu'il faut ve-
» nir. » Les grenadiers crièrent bravo! et cette démarche faite à propos me conquit l'opinion et l'estime des grenadiers, qui ne tardèrent pas à m'en donner la preuve la plus éclatante.

Cependant, malgré l'avantage de leur position, les grenadiers souffroient beaucoup de la mitraille. Je sollicitai l'honneur d'enlever à la baïonnette les batteries qui les écrasoient : « Vous
» perdez donc beaucoup de monde, me dit
» M. Desprez de Crassier qui étoit de l'autre
» côté de la route?» — « Vingt hommes au moins
» par minute; encore une demi-heure, et mes
» rangs seront éclaircis.» — « Faites votre retraite,
» me répondit ce général. » Je courus aussitôt aux grenadiers, à qui je transmis l'ordre du général, qui fut exécuté ponctuellement et avec le sang-froid le plus admirable. Quoique chaque pas nous coûtât des hommes morts ou blessés, nous ne précipitâmes pas pour cela le mouvement; et une fois hors de la portée du canon, nous retraversâmes la plaine en colonne, et nous reprîmes notre première position.

Le général en chef, qui craignoit d'avoir son flanc gauche découvert, nous ordonna de retourner, et de prendre une position en potence de celle que nous venions de quitter. La plaine est retraversée ; je pars au galop pour aller reconnoître cette nouvelle position ; je vois que l'ennemi, qui avoit suivi le mouvement s'en étoit déjà emparé, et y faisoit arriver du canon pour me prendre en flanc Je prévins aussitôt le général Desprez de Crassier, qui, l'ayant vérifié lui-même, me donna une seconde fois l'ordre de me retirer ; ce que je fis exécuter de pied ferme, la droite marchant sur la gauche, sans avoir perdu personne dans ce dernier mouvement, qui étoit presque fini, quand les batteries ennemies commencèrent à faire feu de cette position qu'ils avoient occupée les premiers ; la canonnade dura encore quelque temps. Ainsi se passa la journée du 20 septembre. Chacun garda sa position, sans presque gagner de terrain : les armées restèrent en présence ; les grenadiers bivouaquèrent derrière les batteries, jusqu'au mouvement de nuit qu'ordonna le général Kellermann, lequel coupa à l'ennemi toute communication avec Paris.

L'affaire terminée, les grenadiers se formèrent à leur bivouac en bataillon carré, les armes en faisceaux, et me firent inviter par leurs officiers à vouloir bien entrer dans le carré ; là, un des officiers, le nommé Prévost, capitaine au régiment de Béarn, au nom de la brigade, prit la parole pour me remercier de les avoir sauvés deux fois; ensuite les grenadiers détachèrent les grenades du caporal le plus ancien, décoré d'un médaillon (les épées en croix), les attachèrent aux retroussis de mon habit, tirèrent leurs sabres, formèrent sur ma tête une voûte d'acier, et me jurèrent une obéissance sans bornes, s'engageant à couper en morceaux le premier grenadier qui me manqueroit de respect. Jamais scène ne fut plus attendrissante : j'en fus pénétré jusqu'aux larmes, et jamais serment ne fut plus inviolablement tenu.

Ce fut quelques jours après cette journée que fut signifié à l'armée le fameux décret de la Convention qui m'étoit relatif; le maréchal Kellermann non-seulement refusa d'y obtempérer, mais annonça aux représentants que, desirant au contraire, récompenser la conduite des grenadiers et du chef, il venoit de demander pour moi le brevet de maréchal-de-camp.

On pense bien que cette demande resta sans suite; mais ce qui sûrement détermina les représentants à n'en donner aucune à l'exécution du décret, fut la connoissance qu'ils eurent du serment des grenadiers et la crainte des suites qu'ils en redoutoient : car le décret ne fut qu'ajourné jusqu'à la dissolution de ces braves, et leur renvoi à leur régiment respectif; ce qui eut lieu après la deuxième campagne, celle d'hiver

Quelques jours après je reçus l'ordre de partir avec huit cents grenadiers, pour me joindre au colonel Landremont qui commandoit Schomberg (17e dragons), à l'effet d'attaquer une colonne ennemie; quelques hussards furent adjoints à cette expédition, et comme elle se faisoit en plaine, le commandement en appartenoit à Landremont. J'étois loin de connoître la nature de l'expédition à laquelle j'étois destiné, car je frémis quand je sus que la colonne étoit une colonne d'émigrés, et qu'à Busancy on avoit manqué surprendre un prince auguste. Mais, eûssions nous dû passer avec lui, le prince auroit pu être tranquille, car Landremont partageoit mes opinions, et étoit sûr de son régiment comme je l'étois de mes grenadiers.

Cependant l'affaire dura trois jours et deux nuits; on prit quelques bagages, beaucoup de porte-manteaux qui furent la proie des soldats, et soixante-dix émigrés, qui n'étoient point sans inquiétude, ne s'attendant point au dénouement. En effet, le troisième jour au milieu de l'affaire, Landremont et moi, d'accord, nous fîmes sonner la trompette et demander l'échange des prisonniers. L'ennemi avoit à nous un brigadier et deux hussards : il nous les rendit, et nous renvoyâmes tous les émigrés, à leur grande satisfaction, à la nôtre, et l'on peut dire à celle de nos troupes. Il est facile de juger de la conduite que nous aurions tenue, si nous avions eu le malheur ou peut être le bonheur de prendre le prince; il se fût infailliblement trouvé en aussi grande sûreté au milieu de nos braves qu'au milieu des Prussiens, et s'en seroit retourné avec une belle escorte; les soldats n'en vouloient qu'aux Prussiens.

Le troisième jour, l'affaire terminée, M. le général Valence vint se promener à Busancy. Les journaux d'alors lui donnèrent avec beaucoup d'emphase l'honneur de ces trois journées, auxquelles il n'assista seulement pas. Nous nous contentâmes d'en rire, et nous regardâmes comme au-dessous de nous de réclamer.

C'est à Busancy que le duc de Chartres, duc d'Orléans d'aujourd'hui, vint voir le colonel Landremont, qui m'en prévint et me dit que le prince desiroit me parler. Après le déjeûner, le prince eut effectivement avec moi une conversation dont S. A. S. ne peut avoir perdu la mémoire, mais qu'il est inutile de rapporter ici. L'entretien dura plus d'une heure; nous finîmes par nous embrasser.

Cette campagne se termina par la retraite consentie des Prussiens hors du territoire français. L'avant garde fut chargée de les suivre, mais sans les attaquer; et c'étoit toujours à portée de fusil qu'elle prenoit position en vue des Prussiens; ceux-ci souffroient tellement de la maladie épidémique qui s'étoit déclarée parmi eux, que nos grenadiers trouvoient les chemins jonchés de morts et de mourants; quelques-uns même de ces derniers se trouvoient couverts de terre, quoique leurs membres remuassent encore. On n'a que trop raison de dire que guerre et pitié ne s'accordent pas!

Pendant les premiers jours de cete retraite, il se passa à l'avant-garde une circonstance bien flatteuse pour moi : on m'excusera de ne point la passer sous silence.

M. le maréchal Kellermann avoit des choses importantes à communiquer à M. le duc de Brunswick, dont un aide-de-camp avoit dîné chez lui; après le dîner, ils vinrent ensemble à l'avant-garde, suivis d'un brillant état-major et d'une très-belle escorte; je dînois avec le général Desprez de Crassier, dans une maison sur le chemin : nous montons à cheval et rejoignons le maréchal. Les avant-postes français sont passés, et bientôt nous sommes arrêtés par le *wer da?* L'aide-de-camp prussien part seul au galop; M. le maréchal et son escorte s'arrêtent; une demi-heure après, arrivent M. de Brunswick, le prince Frédéric-Guillaume, fils aîné du roi de Prusse, qui doit être le roi d'aujourd'hui, et M. de Lucchesini, suivis d'une escorte aussi nombreuse que la nôtre, mais bien différente par l'état dans lequel étoient les malheureux chevaux; on les auroit dit mourants, tant ils étoient maigres et fatigués. Les escortes s'arrêtèrent à cinquante pas : les officiers d'état-major formèrent un grand cercle, dans lequel entrèrent les deux généraux en chef; leur entretien terminé, la conversation devint générale, et M. le duc de Brunswick, s'adressant au général Kellermann, lui demanda : « Qu'elle étoit la colonne qui, le 20 septembre, « avoit osé attaquer l'armée prussienne deux fois » sur la route? — C'étoit une colonne de grenadiers de ligne, répondit le maréchal. — J'avois » donc eu raison d'assurer à S. M. que ce n'étoit » point de vos volontaires (1), lorsqu'elle me dit : » Voyez cette *infernale colonne* (2) qui a l'imprudence de venir m'attaquer une seconde » fois, quand je l'ai si bien reçue la première. » M. le maréchal Kellermann qui n'étoit jaloux que de la gloire qui lui étoit personnelle, et qui at-

(1) A cette époque les volontaires n'avoient point encore eu le temps de prouver ce dont les Français sont capables, sous quelque dénomination qu'ils entrent dans la lice. Le Français est, et sera toujours Français! Les affaires de *Lorca*, du *Trocadéro*, et autres, l'ont suffisamment prouvé.

(2) C'est depuis ce moment que la colonne des grenadiers d'avant-garde prit le titre de *colonne infernale*, qui s'est depuis perpétué aux colonnes de grenadiers réunis, lesquelles l'ont si bien justifié.

tachoit du prix à faire ressortir celle des autres, eut la bonté d'ajouter en me montrant au duc : « Vous voyez, monseigneur, le colonel qui la » commandoit. » M. de Brunswick, surpris de mon jeune âge, m'adressant la parole, me dit : « Jeune homme, cette journée vous fait hon- » neur. — Monseigneur, répondis-je aussitôt, » toutes les fois que j'aurai le plaisir de me trou- » ver en présence ou de V. A. ou de S. M. prus- » sienne, je suis certain d'emporter leur estime. » — C'est bien, vous m'inspirez de l'intérêt, » répliqua tout haut M. de Brunswick; puis, tirant son agenda : « Comment vous appelez-vous? » Ayant inscrit mes noms, prénoms, âge et qualités, il ajouta : « Vous êtes trop jeune pour con- » noître les révolutions : vous vous êtes mis en » république; l'essence des républiques est l'in- » gratitude : quoi que vous fassiez, il faut vous » attendre à être persécuté; quand le moment » arrivera, souvenez-vous de la Prusse et de » Brunswick; venez avec toute confiance, je » vous présenterai au roi, il sera charmé de » vous voir, et vous trouverez chez nous asile, » sûreté, secours et protection. » Le prince Frédéric de Prusse en fit autant : il voulut prendre mon nom, et joignit ses offres à celle du duc. On verra plus bas les motifs qui m'empêchèrent de profiter de ces offres avantageuses, lors du commencement de mes persécutions. Si j'en eûsse profité je me serois évité bien des chagrins, mais aussi je me serois peut-être attiré bien des regrets amers.

Cette campagne se borna à reconduire les Prussiens, qui repassèrent le Rhin, et firent le siége de Mayence.

Le comité de salut public envoya l'ordre de continuer la campagne l'hiver; le maréchal de Kellermann, qui jugea que son armée avoit besoin de repos, refusa de l'entreprendre; il fut remplacé dans son commandement par le général Beurnonville, qui se disposa aussitôt à ouvrir la campagne.

Le régiment de Vintimille réclamoit son colonel; les grenadiers vouloient le garder : la question fut portée au général en chef, qui décida que je resterois à l'avant-garde à la tête de la brigade des grenadiers qui gardoient les bords de la Sarre..... Mais le bruit courut à cette époque que la Convention, depuis le départ du général Kellermann, vouloit faire mettre à exécution le décret qui me concernoit; seul je l'ignorois, et un jour que j'étois à déjeûner chez le général en chef, avant la reprise des hostilités, les grenadiers, qui avoient doublé leurs postes, vinrent au nombre de dix-huit cents, leurs officiers à leur tête, chez le général en chef, à Sarrelouis, à l'effet de réclamer leur chef, sur lequel ils avoient de vives inquiétudes, et le ramener à leurs cantonnements. Arrivés chez le général Beurnonville, son aide-de-camp, Lahoussaye, lieutenant-général aujourd'hui, vint lui rendre compte de cette arrivée inopinée; interpellé à ce sujet, je ne pus répondre. Le général en chef descendit pour censurer et réprimer une démarche qu'il regardoit comme un manque de discipline; mais quel fut son étonnement quand il eut entendu ces braves gens, et qu'il eut connu les motifs d'estime et de dévouement qui les faisoient agir! de douces émotions succédèrent au mécontentement: il me fit appeler, et annonça aux grenadiers que je resterois avec eux toute la campagne d'hiver. Je les ramenai à leurs cantonnements, pénétré de la plus douce reconnoissance.

Bientôt la campagne d'hiver s'ouvrit : l'avant-garde eut ordre de passer la Sarre; l'ennemi couronnoit avec ses troupes les montagnes en arrière, et les avoit hérissées de batteries. Je reçus l'ordre d'enlever Bilbahaussen de front, pendant que de Laage, avec une partie des grenadiers, le bataillon de Laubardière et un autre, tourneroient la montagne par la droite et par derrière; ce mouvement fut exécuté, et réussit comme on devoit l'attendre d'une troupe qui avoit mérité le nom de *Colonne infernale.* S'approcher en ordre, passer un ravin, où les grenadiers avoient l'eau jusqu'à la ceinture, gravir une montagne très-escarpée, forcer l'ennemi à enlever ses canons sous peine de les perdre: ce ne fut que le temps de parcourir l'espace.

Le lendemain, réuni au général Pully, je forçai l'ennemi à Wavren, et le surlendemain je me rendis maître d'Avern.

La saison étant devenue pluvieuse et excessivement froide, l'armée campée vis-à-vis de la montagne Verte, souffroit horriblement de ce changement subit: chevaux, hommes, tout mouroit; il fallut songer à la retraite: mais comment l'exécuter devant une armée plus nombreuse, et qui, cachée sous la terre, dans des abris qu'elle avoit eu le temps de se préparer, bravoit les rigueurs du froid? On ne le pouvoit qu'en appelant l'attention de l'ennemi sur un autre point; l'avant-garde, qui avoit agi presque seule, résistoit encore aux intempéries de la saison. Sa grande activité l'avoit sauvée : elle eut l'ordre de forcer l'ennemi jusqu'au pont de Consarbruck, à l'effet de donner le change, et de faciliter à l'armée les moyens de sortir de sa position, et de gagner un jour ou deux de marche; ce qui devint facile par les succès de cette avant-garde. L'ennemi, craignant de voir le passage de Consarbruck forcé, événement qui auroit mis toutes ses positions à découvert, s'empressa de dégarnir la montagne Verte; ce qui donna au général en chef la facilité d'opérer sa retraite sur Mertzig, de traverser la Sarre, et de venir prendre ses cantonnements en arrière de cette rivière.

L'armée retirée, l'avant-garde dut à son tour penser à la retraite; pour l'opérer plus sûrement, elle fut partagée en deux lignes, à deux lieues l'une de l'autre, et qui, devant tenir depuis la Sarre jusqu'à la Moselle, s'étendoient chaque jour de marche; de Laage garda le commandement de la première, et celui de la seconde me fut donné; ce passage de lignes, en marche rétrograde, eut lieu journellement sans que l'ennemi pût obtenir le moindre succès, sur le même théâtre où avoit été si malheureux M. le maréchal de Créqui.

Ce fut pendant cette retraite en passages de lignes, qu'eut lieu cette escarmouche du colonel Landremont, commandant Schomberg, qui donna lieu à un rapport du général Beurnonville, sur lequel les plaisants ajoutèrent : « *Le petit doigt* » *n'a pas tout dit.* » Il étoit pourtant de la plus grande exactitude; et l'affaire s'étant passée sous mes yeux, je dois à la vérité de dire, et on le concevra aisément qu'un ennemi pris au dépourvu, brusquement attaqué pendant son sommeil, devoit avoir perdu beaucoup de monde avant d'être en mesure de riposter; tandis que, de notre côté, un seul chasseur fut blessé à la main : ainsi *le petit doigt avoit bien tout dit.*

Cette affaire terminée, la campagne d'hiver de 1792, bien que brillante en faits d'armes, puisque toujours les troupes françaises eurent l'avantage, n'eut cependant aucun résultat avantageux, vû la retraite à laquelle l'armée française fut forcée par la rigueur de la saison (1).

L'armée rentrée dans ses cantonnements, les grenadiers furent renvoyés à leurs corps respectifs, et je retournai à mon régiment, envoyé en garnison à Longwy.

Ce fut alors que je reçus l'ordre d'obéir au décret de la Convention, dont la politique avoit suspendu l'exécution depuis près de six mois : mais un fait que je ne puis passer sous silence, sans manquer à la plus juste reconnoissance, c'est la conduite des officiers de Vintimille à mon égard; ils apprennent que leur colonel est sans argent pour venir se justifier; aussitôt ils s'assemblent, se cotisent, m'apportent cinquante louis d'or dans une bourse, refusent mon billet, et m'embrassent en faisant des vœux pour mon re-

(1) Ce n'est pas tant le froid excessif que l'humidité qui, l'hiver, nuit à la santé des hommes et des chevaux : cet hiver fut excessivement pluvieux et froid.

tour; cependant j'avois fait les deux campagnes aux grenadiers, et non à mon régiment; mais l'estime et l'amitié que la *colonne infernale* me portoit, avoient suffi pour me valoir celle de l'armée, et particulièrement de mon régiment.

Arrivé à Paris, je trouvai mon général en chef, le général Beurnonville, ministre de la guerre: il se chargea de me conduire à la Convention. M. Dubois-du-Bay fit mon rapport, et y mit tout l'intérêt et toute la bienveillance possibles. L'exposé de ma conduite dissipa les mauvaises impressions, qui d'ailleurs avoient vieilli, et qui se trouvoient atténuées et détruites par les mentions honorables que j'avois obtenues. Je fus renvoyé à mon corps, que je rejoignis à Longwy, parce que le ministre de la guerre, qui avoit fait mes cadets maréchaux-de-camp, ne crut pas devoir m'élever à ce grade, en raison de ce qui venoit de se passer.

Si le commandement des quatre bataillons de grenadiers avoit été favorable à ma réputation, d'un autre côté, mon régiment avoit souffert de mon absence: la discipline y étoit totalement relâchée; les soldats, vendant leurs effets, cherchoient dans la désertion les moyens d'échapper à de justes reproches.

Prévenu de ces désordres à Paris, je hâtai mon retour. Aussitôt arrivé, je passe la revue du butin; je complette les sacs de mes propres deniers, et j'annonce des revues fréquentes. Les quinze premiers jours se passèrent sans murmures; mais les autres régiments qui étoient en garnison à Longvy (il y en avoit sept), et qui n'étoient point soumis aux mêmes règles, plaisantèrent le régiment de Vintimille sur la sévérité du colonel, et sur la complaisance des soldats à obtempérer à des mesures qu'ils qualifioient de mesures de l'ancien régime. Ces propos eurent tant d'influence, qu'un dimanche que l'inspection étoit ordonnée, les officiers, effrayés de l'excès de l'insubordination, et qui trembloient de voir l'autorité de leur chef compromise, entrèrent chez moi, et m'invitèrent à ne point me rendre à la caserne et à retirer mon ordre, attendu que le régiment étoit décidé à refuser l'obéissance; surpris autant qu'irrité d'une pareille démarche, et n'admettant aucune considération quand il s'agit de remplir un devoir, j'ordonnai à mes officiers de se rendre à leurs compagnies et de ne rien commencer sans moi. Arrivé à la caserne, je monte aux chambres de la première compagnie de grenadiers; m'adressant au sergent-major : « Est-ce vous, sergent, lui dis-je, » qui refusez l'inspection? » — « Moi, colonel, » je suis trop bon soldat pour cela. » — « Prenez » votre contrôle, et faites votre appel. » Le premier sergent appelé, même demande, même réponse. — « Prenez vos armes, et descendez. » Au deuxième sergent, même injonction ; ainsi de suite, jusqu'aux deux plus anciens grenadiers. Alors, m'adressant au capitaine : « Je savois bien, » lui dis-je, qu'il n'y avoit que des braves gens » dans vos grenadiers ; continuez votre appel ; si, » contre mon attente, un seul grenadier refuse » l'obéissance, je vous défends de passer outre ; » vous viendrez m'en instruire, et dès demain le » conseil de guerre le jugera. » De là, je me rendis à la deuxième compagnie de grenadiers, où les choses se passèrent de même ; mais je n'eus pas la peine d'aller aux autres compagnies ; lorsque celles-ci virent les grenadiers descendre sans difficulté, elles se rendirent dans la cour ; mais je fus très-surpris de voir les compagnies se mêler ; je n'eus pas l'air de m'en apercevoir, et, m'adressant au tambour-major, j'ordonnai un roulement qui produisit l'effet magique que j'en attendois : chacun reprit machinalement sa place, et quand tout fut en ordre, ce qui arriva au bout de quelques minutes, à la fin du roulement, j'ordonnai le silence ; j'envoyai chercher le drapeau, et j'emmenai le régiment sur la place, où je fis former le carré. « Soldats, leur dis-je, je sais que des » malveillants ont cherché à vous égarer, et à » vous faire oublier vos devoirs ; j'ordonne que » l'on vous lise à l'instant l'ordonnance. » Cette lecture faite dans le plus profond silence, je donnai aux capitaines l'ordre de faire entrer au centre les instigateurs, afin qu'ils fussent dégradés sur-le-champ, et renvoyés avec des cartouches jaunes ; ce qui s'exécuta sans la moindre réclamation. La gendarmerie, qui étoit prévenue, s'en empara, et les mit hors de la ville. C'est le seul désagrément que j'aie éprouvé d'un régiment qui devint l'exemple de la garnison pour sa tenue, sa discipline, son instruction, sa manière de servir, et la précision étonnante avec laquelle il exécutoit, en marchant, les mouvements de mon invention, que j'ai développés depuis dans un ouvrage dont je parlerai plus tard.

Je ne puis passer ici sous silence une circonstance assez singulière, qui eut un résultat trop important pour ne pas être relatée. C'est relativement à l'ouvrage en avant de Longwy, dont le corps du génie s'occupoit alors à grands frais.

Quelques jours après mon arrivée en cette ville, je témoignai le desir de connoître une place que je serois peut-être appelé à défendre. M. Chasse-Loup-Laubat, alors capitaine du génie, eut la complaisance de se prêter à me montrer la place dans tous ses détails ; ensuite il me mena à l'ouvrage extérieur, pour lequel on avoit déjà sacrifié plusieurs millions, et auquel on travailloit encore. Me croyant seulement avec des officiers du génie, je pensai pouvoir me permettre de parler avec toute confiance : je condamnai l'ouvrage, comme trop éloigné du corps de la place, pour être aisément soutenu, et comme dangereux pour elle aussitôt qu'il seroit enlevé.

Je ne tardai pas à être cité, à mon grand étonnement, au conseil de guerre de Metz, sans que l'on m'en dît les motifs; je me rends au conseil; là je suis interpellé sur cet ouvrage, et sommé de déduire les motifs qui m'avoient porté à le condamner; en vain je veux m'excuser sur le caractère dont je suis revêtu, et qui ne me donne pas le droit de censurer messieurs du génie; j'ajoute que j'ai pu me tromper, et que mon jeune âge doit être mon excuse; un bourgeois se lève (c'étoit le président du district de Longwy, révolutionnaire ardent, pris dans la classe la plus obscure du peuple), et, en mauvais français, il me somme de répéter au conseil ce qu'il m'a entendu dire aux officiers du génie; observations qui lui ont paru plausibles, quoiqu'il ne s'y connoisse pas, et dont il est bien aise que le conseil juge la valeur. Le président du conseil, qui étoit un lieutenant-général respectable, joint son autorité à celle de ce personnage, et, au nom de l'honneur, m'invite à parler franchement, sans aucune considération que celle de l'intérêt public; alors je développe les motifs qui m'ont engagé à réprouver l'ouvrage qui coûtoit déjà plusieurs millions, en demandoit plusieurs autres pour être terminé, et étoit plus dangereux pour la place qu'il ne pouvoit être utile; je fais la proposition de nommer une commission composée de généraux respectables, pris dans le génie et l'artillerie, auxquels seroient adjoints des ingénieurs civils instruits, à l'effet d'aller vérifier l'ouvrage par eux-mêmes, et rendre compte au conseil de leurs observations; ce qui fut de suite accepté. Cette commission fut composée de trois généraux du génie, de trois de l'artillerie, et de M. Le Brun, professeur de mathématiques à l'école de Metz, et architecte de la ville, homme d'une probité et d'une instruction reconnues: elle se rendit sur les lieux; l'ouvrage fut condamné à l'unanimité, et rasé.

Une autre circonstance qui m'est entièrement particulière, trouve ici sa place, et prouvera que la fermeté au service est souvent un moyen sûr de gagner l'estime et l'amitié des soldats, quand on sait y allier les sentiments de la justice.

Le bruit se répand dans Longwy, que je dois être arrêté la nuit, par une mesure révolutionnaire. J'étois allé me promener hors de la ville avec quelques officiers; le régiment, instruit de ce bruit, se munit de cartouches, prend les armes; les deux compagnies de grenadiers se rendent au corps-de-garde de la place, sur laquelle je demeurois : on pose deux sentinelles à ma porte, et deux à celle de ma chambre. Des six régiments qui étoient en garnison avec Vintimille, cinq annoncent leur intention de le soutenir ; le régiment du commandant de la place, seul, ne fit point de démarches ostensibles. Il existoit, par suite d'opinion, beaucoup de froid entre les chefs. Rentrant en ville, je trouve plusieurs de mes officiers en baudriers et hausse-cols, qui viennent me prévenir de ce qui se passe, et m'inviter à veiller à ma sûreté, si je redoute quelque chose. N'ayant rien à me reprocher, je crois ne devoir rien craindre : je vois les précautions que mon régiment a prises pour ma sûreté ; j'apprends les offres des cinq sixièmes de la garnison. Je me rends chez le commandant de la place qui se fait fermer ; de là chez le président de la municipalité ; j'en demande la convocation, qui a lieu à dix heures du soir à l'Hôtel-de-Ville. Les membres du district étoient présents : j'arrive suivi de mes officiers ; je demande à connoître la vérité des bruits qui circulent, et je déclare être prêt à répondre à toute inculpation ; je demande aussi que le commandant de la place soit invité à se rendre dans le sein de l'assemblée, pour donner connoissance des ordres dont il est chargé : celui-ci refuse d'y venir ; alors j'offre de me constituer prisonnier, et, après avoir intimé l'ordre à mes officiers de faire rentrer mon régiment dans la caserne, je dépose mes armes sur le bureau. Le président, qui étoit un prêtre nommé, je crois, l'abbé Lemoine, nie avoir connoissance des faits, me répond par des éloges, et me rend mes armes. Comme cette affaire n'étoit point éclaircie, que *le commandant de la place* avoit refusé non-seulement toute communication, mais même de se montrer, les grenadiers me firent prier de permettre qu'ils restâssent à l'Hôtel-de-Ville pour veiller à ma sûreté; et le régiment rentra, mais resta habillé toute la nuit. Le lendemain, l'abbé Lemoine se rendit chez moi, et me donna sa parole que tout étoit arrangé, que les ordres étoient renvoyés. Ainsi se termina cette scène révolutionnaire qui pouvoit avoir pour moi les suites les plus fâcheuses, sans l'attachement que mon régiment me témoigna, et sans les dispositions manifestées par la garnison.

Quelque temps après, le général Houchard, qui commandoit en chef l'armée de la Moselle, forma un corps de douze mille hommes, composé de sept cents hommes par bataillon, tirés des camps et garnisons de Sarre-Louis, de Thionville, de Bouzonville et de Longwy; le commandement en fut confié au général de Laage; ce corps devoit agir sur Arlon. Le bruit courut alors qu'un mouvement général devoit avoir lieu sur cent quatre-vingts lieues, au même moment, et qu'il n'étoit entrepris que pour faire une diversion, et faciliter le débloquement de Mayence. Ces corps se réunirent sur les glacis de Longwy. Les drapeaux ne marchant pas, les colonels ne devoient pas marcher. Vintimille, qui avoit confiance en son chef, le demanda au général Houchard; celui-ci y consentit; et je me disposai à partir à la tête des sept cents hommes de mon régiment; mais de Laage, qui avoit beaucoup d'amitié pour moi, ne voulut pas me faire servir sous mes cadèts, qui tous venoient d'être faits maréchaux-de-camp. En conséquence, au lieu de deux colonnes, le général de Laage partagea sa petite armée en trois : Laubadaire eut celle de droite de quatre mille hommes, Château-Thierry celle de gauche de trois mille, et j'eus celle du centre de cinq mille : le général Tolozan commandoit l'avant-garde. Outre ces douze mille hommes, de Sedan et de Mont-Médy sortit une colonne de deux mille hommes commandée par le général Beauregard, laquelle devoit appuyer par la gauche les opérations du corps de de Laage, qui reçut l'ordre de débusquer l'ennemi de la position d'Arlon, à l'effet d'attirer son attention sur ce point, et de faciliter les opérations du général Houchard sur Mayence.

Les représentants du peuple qui suivoient pour observer les opérations des armées (car ces commissaires avoient la prétention d'avoir la science infuse, et d'être propres à tout) étoient Maignet, le fameux Maignet, qui, quelque temps après, se rendit si horriblement célèbre par l'incendie de la commune de Bédouin, Levasseur de la Manche et Souberany.

Le matin du départ, comme j'étois sur les glacis pour rassembler les troupes qui devoient composer ma colonne, arrive à moi un lieutenant-colonel d'un bataillon de volontaires qui devoit en faire partie, et qui me demande de quelle colonne je suis. « De celle du centre, lui » répondis-je. Connoissez-vous Desperrières, le » colonel de Vintimille qui doit la commander? » —Beaucoup.—Quel est cet officier? on dit que » c'est un jeune homme. — Je crois que vous en » serez content; il a fait ses preuves à la colonne » de grenadiers. En attendant, sous peu vous » pourrez le juger. »

Cette petite armée partit de Longwy, le 7 juin, sur une seule colonne. Arrivée à la hauteur de Udanges, l'avant-garde, commandée par le général Tolosan, fut seule engagée; la nuit, qui survint, fit ajourner l'affaire au lendemain. Les troupes bivouaquèrent en arrière de la Croix; mais, la pluie qui fut abondante et tomba par torrents, la nuit suivante et le lendemain, força de remettre l'affaire au 9.

Pendant ce temps, les dispositions générales

changèrent; Houchard envoya deux courriers porteurs de contre-ordre, qui tous les deux furent pris par l'ennemi, et, le tranquillisant sur nos projets ultérieurs, lui donna la facilité de dégarnir Luxembourg et Namur, pour renforcer sa position d'Arlon; ce qu'il fit, et il porta à douze mille hommes les troupes qui gardoient cette position, d'ailleurs hérissée sur tout son front de trente-trois bouches à feu, lorsque le corps de de Laage n'avoit que la compagnie volante de Sorbier, quatre pièces de position, et les pièces de campagne attachées au bataillon.

Averti de ces renforts par les transfuges, un conseil de guerre eut lieu le 9 au matin sous un chêne; ce conseil de guerre, auquel assistèrent les représentants du peuple, étoit composé des généraux et du colonel de Vintimille. L'affaire fut reconnue comme dangereuse, en raison des troupes dont l'ennemi avoit renforcé une position déjà formidable; mais, attendu qu'on n'avoit point reçu de contre-ordre, le conseil décida à l'unanimité qu'il falloit obéir et attaquer; les ordres furent donnés aussitôt; nous marchâmes par la route d'Arlon sur une seule colonne; celle de Laubadaire en tête, avec quatre pièces de canon de position; ma colonne venoit ensuite, et celle de Château-Thierry suivoit; l'avant-garde du général Tolozan éclairoit la marche avec la compagnie volante de Sorbier. Arrivés à la hauteur de la Croix, en vue des retranchements ennemis, l'avant-garde fut obligée de se reployer, et de se ranger sur les flancs de la colonne, laissant le 13e bataillon de troupes légères à pied dans le bois en avant, et à la droite du chemin. M. le duc de Dantzick servoit alors dans ce bataillon comme capitaine.

Le général de Laage changea aussitôt ses dispositions; il résolut de faire attaquer les retranchements, de front, par la colonne du centre déployée en bataille, de faire tourner le bois de droite par la colonne de Laubadaire, à l'effet de couper à l'ennemi la chaussée de Namur, et de faire tourner le bois de gauche par la colonne de Château-Thierry, pour prendre l'ennemi par son flanc droit; la colonne Beauregard eut ordre de seconder ce dernier mouvement. Pendant que ces divers mouvements s'exécutoient, ma colonne ayant l'artillerie de position, à sa gauche, se porta, toujours en colonne, jusqu'à la hauteur de la tête du bois de droite, où je rencontrai le capitaine Lefebvre (duc de Dantzick), à qui je demandai dans quel état étoit le bois; il me répondit qu'il avoit été bien fouillé, et que son bataillon en étoit absolument maître.

Ma colonne, qui avoit l'ordre de faire halte à

cette hauteur pour attendre que la charge se battît à droite, ce qui devoit avoir lieu aussitôt que Laubadaire seroit en mesure et auroit tourné le bois, se trouvant seule exposée aux batteries de l'ennemi, avoit singulièrement à souffrir de son feu; c'est ce qui me détermina à la faire reculer de cent cinquante pas, jusqu'à la queue du bois occupé par le 13e bataillon, et à lui faire mettre ventre à terre, m'engageant seul à veiller à sa sûreté.

Enfin, la charge se fait entendre à droite : la colonne est debout, le développement est ordonné; de Laage prend le commandement de la droite de cette ligne, je prends la gauche; l'artillerie volante, placée sur la grande route, seconde puissamment cette charge, qui se fait avec le plus grand ordre et la plus grande valeur sous la mitraille de trente-trois bouches à feu. Déjà trois ravins très-profonds venoient d'être passés. L'ennemi alors s'empressa de mettre ses pièces sur ses avant-trains, craignant pour ses retranchements, qui bientôt furent enlevés, lorsque M. Chasseloup-Laubat, le capitaine du génie de Longwy, dont nous avons déja parlé, pair de France aujourd'hui, lequel avoit suivi l'armée, vint m'annoncer le désastre de la colonne de droite, qui étoit dans une déroute complète, et avoit son chef blessé.

Après m'avoir instruit en détail des événements de la droite, M. Chasseloup me pressa de marcher au secours de Laubadaire, m'assurant que, si je tardois, je risquois d'être pris en flanc. Le moment étoit pressant; hasarder la colonne victorieuse, qui seule pouvoit couvrir la retraite au besoin, c'étoit compromettre la sûreté de toute cette petite armée; je demandai où étoit de Laage, et je refusai de faire aucun mouvement sans ordre. M. Laubat me répondit qu'on ne savoit où étoit le général en chef, que son chef d'état-major et son aide-de-camp avoient été tués. Qu'un général prenne le commandement, dis-je alors, et j'obéis. En même temps je donnai ordre à ma ligne de se ployer en deux colonnes serrées en masse pour, au besoin, recevoir la cavalerie si elle venoit m'attaquer.

M. Chasseloup revint quelques moments après m'annoncer qu'il n'avoit pu trouver de Laage, que, si je voulois prendre le commandement, les généraux qui avoient été sous mes ordres la campagne précédente, étoient prêts à m'obéir. Sur cela je me décide; j'envoie l'ordre à Château-Thierry de se ployer en colonne serrée en masse, de précipiter sa marche, d'arriver à ma droite, et de gagner ma hauteur; ces mouvements s'exécutent : les colonnes sont en marche au pas de charge, rencontrent la cavalerie, ennemie la traversent en croisant la baïonnette, et arrivent au pâté de quatre mille hommes, qui avoient écrasé Laubadaire, et qui prétendoient en vain nous arrêter. Cependant le terrain se rétrécit : quatre pièces de canon de campagne qui marchoient en tête de la première colonne, sont en partie démontées, et entravent la marche ; les grenadiers de Suède, qui tiennent la tête de cette colonne, veulent riposter et commencer le feu, je m'y oppose, je me fais reconnoître d'eux (ils avoient été avec moi dans la colonne infernale) ; je relève les fusils avec mon sabre, et leur dis : « Vous » savez, camarades, qu'avec moi les grenadiers » ne brûlent jamais d'amorce ; emparez-vous des » pièces, et débarrassez votre marche. » Les pièces de canon et leur attirail sont écartés, et la charge continue ; alors fut renversé ce corps de quatre mille hommes que déjà notre artillerie volante écrasoit ; il n'y eut plus que la cavalerie à envoyer à leur suite, ce qui fut exécuté par le général Tolozan.

Les choses étoient dans cet état quand on vint me prévenir qu'une forte colonne d'infanterie, soutenue de trois corps de cavalerie, s'avançoit entre deux bois, pour me prendre par derrière. Je donnai aussitôt l'ordre au général Château-Thierry d'occuper avec sa colonne la hauteur que l'on venoit d'enlever à l'ennemi ; et, pour lui donner plus de moyens de s'y maintenir si l'ennemi venoit à l'y attaquer ; je lui laissai, en outre, toute ma colonne de droite de deux mille cinq cents hommes, et je partis pour aller au devant de l'ennemi avec l'autre de deux mille cinq cents hommes pareillement, mais dans laquelle étoit mon régiment ; je marchai serré par le flanc gauche, emmenant à ma gauche les quatre pièces de canon de campagne de celles qui restoient attachées à ma colonne.

Bientôt je vis dans la plaine le corps ennemi qui s'avançoit à un pas de charge tellement précipité, que les trois corps de cavalerie qui l'escortoient, l'un à la droite, l'autre à la gauche, et le troisième à la queue, étoient au trot. Je pris, sans hésiter, position en face des ennemis sur une petite éminence, me disposant à les bien recevoir. Ma ligne de bataille formée, je place derrière la compagnie Ségu, de mon régiment, les quatre pièces d'artillerie, avec ordre au capitaine d'ouvrir l'embrasure au commandement du port d'armes. Je m'informe dans quel état sont les pièces : elles étoient chargées à boulet; je fais donner un coup de refouloir ; je demande des gargousses, *grappes de raisin ;* j'en coupe la poudre avec mon sabre, et je fais mettre pardessus le boulet, des grappes jusqu'à la volée des pièces : à peine put-on tamponner les bouchons. Mon intention étoit de recevoir l'ennemi aussi près que possible. J'indique le buisson qu'il devoit atteindre avant que l'on commençât le feu. L'ennemi s'approche avec d'autant plus de confiance, qu'il n'aperçoit qu'une foible ligne de bataille, qu'il se flatte, dans son aveugle présomption, de renverser sans obstacle. Il ignoroit que la foudre étoit cachée derrière : aussi s'avance-t-il poussant des houras affreux, signes précurseurs, mais mensongers, des succès dont il se targue.

Arrivé au point que j'avois indiqué, les armes sont portées, l'embrasure s'ouvre, et démasque les quatre pièces de canon; j'ordonne que l'on ne tire qu'une pièce après l'autre; le premier coup de canon manque la colonne; le deuxième l'atteint du centre à la queue, et jette trente hommes à terre : il ne restoit plus que deux coups de canon, seul espoir de ce corps détaché, sans cavalerie, et attaqué par une force deux fois plus considérable, et soutenue de trois corps de cavalerie, lesquels appuyoient leur charge. Villers, lieutenant au régiment de Vintimille, grand chasseur, ancien page de S. A. S. le duc de Penthièvre, indigné de la maladresse des canonniers, s'approche de moi, et sollicite l'honneur de tirer un coup de canon; ce qui aisément lui fut accordé; le coup part, prend la colonne ennemie en tête, et y porte la terreur et la mort. Les Autrichiens font demi-tour, poussent des hurlements affreux, s'enfuient, laissant la terre jonchée de leurs morts et de leurs blessés; je les fis seulement reconduire à coups de canons chargés à boulet, défendant que l'on tirât le quatrième coup à mitraille; la bataille étoit gagnée, et c'étoit notre dernière ressource en cas que l'ennemi vînt à se rallier.

J'ordonnai au nommé Goffart, lieutenant au régiment de Vintimille, de chercher le général de Laage pour lui annoncer le gain de la bataille.

Tel est le résultat de la première affaire d'Arlon, dont le succès fut entièrement dû à ma colonne : j'en appelle au témoignage de M. le maréchal duc de Dantzick (1), des généraux Chasseloup-Laubat, Sorbier, et tous les officiers présents à cette affaire, dont le bulletin n'a parlé et n'a dû parler que très-peu de ma conduite, puisqu'il a été rédigé par moi-même; je dus parler de mes camarades, et non de moi; les deux phrases qui me concernent dans ce bulletin

(1) Il vivoit lorsque cette relation fut écrite. Elle ne devoit paroître qu'à ma mort; mais l'excès des persécutions et de l'oubli auquel j'ai été en butte, m'ont porté à faire connoître mon manuscrit de mon vivant. En outre, j'ai pensé que plus je tarderois, plus le temps viendroit enlever des témoins cités et utiles : ce sont ces motifs qui m'ont principalement déterminé.

sont les deux seules ajoutées par le général de Laage.

L'affaire terminée, au moment où l'on s'occupoit à rassembler les troupes pour leur faire prendre position pendant la nuit, les représentants du peuple accoururent en criant : Où est Desperrières? Je me présentai. « C'est toi qui te bats » comme cela, me dit Maignet. — Si vous m'eussiez toujours suivi, lui répondis-je, vous sauriez que la colonne infernale ne s'est jamais » battue autrement. — Sais-tu que c'est toi qui » as gagné la bataille? — Je le sais. — Sais-tu » que la guillotine étoit à Longwy depuis trois » jours, qui t'attendoit; que nous avons trois » malles pleines de dénonciations contre toi? — » Qu'en avez-vous fait? — Déjà les ordres sont » partis pour les renvoyer. — Vous avez eu tort, » il falloit les garder; vous m'eussiez confronté » avec mes dénonciateurs, je les aurois confondus. — Il n'est plus question de cela, tu es général; puis, se tournant du côté des troupes, il » dit à haute voix : Officiers, sous-officiers, soldats, en vertu des pouvoirs dont nous sommes » revêtus, nous proclamons sur le champ de » bataille le colonel de Vintimille, le citoyen » Desperrières, maréchal-de-camp, et vous lui » obéirez en cette qualité. » Cette nomination n'avoit, à mes yeux, que le mérite de l'action brillante à laquelle je venois de coopérer, et celui d'avoir été arrachée à l'estime de ces proconsuls insolents qui se croyoient le droit de disposer de la vie de leurs concitoyens, et qui déjà, depuis trois jours, avoient prononcé l'arrêt de mort de celui qu'ils venoient de combler d'éloges et d'honneurs. Ma nomination n'eut aucun effet dans les bureaux de la guerre; proclamé maréchal-de-camp sur le champ de bataille, le 9 juin, par les représentants du peuple pour un fait d'armes marquant, elle ne compte que du 30, pour qu'elle soit purement ministérielle, comme si aucune action d'éclat ne l'avoit déterminée. Ah! peuple des bureaux, tu seras toujours le même!

Cette affaire n'eut point un résultat utile pour le débloquement de Mayence, parce qu'elle eut lieu malgré les contre-ordres, et qu'elle ne fut point soutenue; mais elle n'en fut pas moins brillante pour les troupes qui y contribuèrent, et fut comme le prélude des succès qui depuis ont si long-temps étonné l'Europe. Les carabiniers se couvrirent de gloire : l'engouement étoit tel, qu'à leur retour les troupes reçurent partout les honneurs du triomphe.

Resté à Longwy, je ne tardai pas à recevoir la confirmation de ma nomination; ma séparation de mon corps fut un motif de regrets réciproques, et je partis, glorieux d'avoir conquis l'estime et la confiance d'un des plus braves régiments de France.

Pendant cet intervalle, l'affaire d'Arlon, et la part que j'y avois prise, firent grand bruit à l'armée, qui se ressouvint que j'étois l'ancien commandant des grenadiers; aussi fus-je demandé pour général en chef par l'armée : l'annonce et la proposition m'en furent faites par M. Dulac, chevalier de Malte, et, je crois, ancien officier d'artillerie, secrétaire des représentants du peuple, lequel se rendit chez moi plusieurs fois à cet effet. Je m'obstinai à refuser un honneur dont je ne me sentois pas digne; je me bornai à demander le commandement de l'avant-garde, objectant mon âge, mon peu d'expérience et même mon incapacité. Dulac fit tout pour me décider; il me dit que je me formerois par l'expérience, que d'ailleurs l'armée me demandoit, et qu'ayant sa confiance, c'étoit la garantie du succès. Je tins bon; les conférences durèrent plusieurs jours, et se terminèrent par la dernière proposition de Dulac, qui me signifia qu'il avoit l'ordre de me donner à choisir, ou du commandement en chef, ou de la guillotine. A une pareille invitation, quel parti prendre? accepter : c'est ce que je fis, en lui déclarant que je rendois les représentants, ainsi que lui, responsables de toutes les fautes que je commettrois. Dulac termina en me disant que le lendemain on viendroit me chercher; il vint effectivement, suivi de plusieurs personnes, dont une portoit un grand registre vert : « Malgré votre conduite » militaire, me dit Dulac, vos opinions étant » loin d'être dans le sens desiré, il est naturel » que l'on vous demande un gage pour prix du » poste auquel vous allez être élevé, voici le » registre des jacobins de Metz, signer votre ad- » hésion. » Celui qui aimoit sa patrie, et avoit juré de la défendre du joug des étrangers, mais qui au fond de l'âme gémissoit des maux qu'avoit attirés sur elle une secte qu'il maudissoit, pouvoit-il adhérer à une semblable proposition! Aussi me prononçant avec énergie : « Jamais, » lui dis-je, je n'aurai rien de commun avec » les jacobins; je les regarde comme les auteurs » et les fauteurs de tous les maux qui pèsent sur » la France. » Je portai même l'indignation jusqu'à lacérer le registre.

On sent aisément que non-seulement il ne fut plus question du commandement en chef, mais qu'à dater de ce moment ma perte fut jurée.

Cependant, en attendant les décisions du Comité de salut public, nommé général sur le champ de bataille, il fallut m'employer; me destituer sans motifs, après le vœu de l'armée, eût été un acte impolitique, dangereux. Mayence restoit bloqué : on tenoit à honneur de dégager une armée qui ne se laissoit abattre par aucun genre de privations, et s'illustroit par la défense la plus opiniâtre. L'armée de la Moselle partit donc de ses cantonnements pour marcher vers Mayence; Thionville réunit un corps de six mille hommes tirés de sa garnison et des garnisons voisines; il fut destiné à flanquer la gauche de l'armée : le commandement en fut confié au général ***.

Je fus appelé à le commander en second. Mayence rendu, l'armée rentra dans ses positions, et les garnisons qui s'étoient réunies à Thionville retournèrent à leur point de départ. Ce fut alors que l'on me confia le commandement du camp sur les hauteurs de Blise-Castel, cinq lieues en avant de Sarrebruck, où étoit l'armée. Mon premier soin, en prenant le commandement, fut de reconnoître la position : le camp étoit assis sur les hauteurs qui dominent le bourg; l'abord en étoit presque impraticable; de plus, les bords de la Blise, en avant du bourg, étoient soigneusement gardés. Le général Pully étoit à trois lieues à ma droite, à Hornbach, et le général de Laage à trois lieues à ma gauche, à Saint-Imbert; mais à trois quarts de lieue à ma gauche, je reconnus une route superbe, laquelle conduisoit de Deux-Ponts à une maison de plaisance appelée Mont-Plaisir; cette route venoit former l'embranchement, à cinq quarts de lieue en arrière de ma position, avec la route qui communique de Blise-Castel à Sarguemine, qui étoit ma retraite directe, en cas que je fusse attaqué; la découverte de cette route fixa mon attention d'une manière particulière, et me découvrit le danger de ma position, qui, par-là même, se trouvoit en l'air. Ma reconnoissance faite, j'écrivis à M. de Schœnbourg qui commandoit l'armée par *intérim*, pour lui faire part de mes observations, lui disant que ma position, qui étoit superbe, cessoit de l'être si cette chaussée n'étoit point occupée; que je demandois deux pièces de position, un bataillon de vieilles troupes et cent cinquante pionniers pour ouvrir des tranchées. M. de Schœnbourg me répondit qu'il enverroit des officiers du génie pour voir la position; que si j'y étois forcé je pouvois, au défaut de Sarguemines, prendre ma retraite soit sur Hornbach, soit sur Saint-Imbert; cette réponse peu satisfaisante, et qui mettoit en doute la justesse de mes observations, piqua mon amour-propre, me donna de l'humeur, et nécessita une deuxième lettre de ma part. J'écrivis à M. de Schœnbourg que, l'armée ennemie étant presque en totalité à Deux-Ponts, si cette chaussée n'étoit soigneusement gardée, je serois infailliblement enlevé à Blise-Castel; que l'ennemi déboucheroit par cette route, viendroit s'emparer de la chaussée de Sarguemine, en arrière de moi, après avoir fait de fausses attaques sur Blise-Castel, Saint-Imbert et Hornbach; que ma retraite sur l'un de ces deux points seroit impossible, parce que mes camarades seroient eux-mêmes occupés, et que l'ennemi tiendroit la plaine, et que si l'ennemi forçoit par la chaussée de Mont-Plaisir, il seroit possible que, pour la sûreté de mes troupes et la mienne, je fusse obligé de quitter ma position sans tirer un seul coup de fusil.

Cette lettre partie, je songeai à mettre un terme à mes inquiétudes, en couvrant autant que possible ma position : en conséquence, je pris à part M. Lacour, chef d'escadron du 3e de dragons, qui commandoit cent cinquante chevaux, et qui étoit un officier très-distingué; je ne lui dissimulai pas mes alarmes; je lui ordonnai de partir avec ses dragons et deux cent cinquante hommes choisis dans le camp, de se rendre sur cette chaussée, à l'effet de bien observer l'ennemi, et de me faire avertir sans délai de tous ses mouvements.

L'événement ne tarda pas à justifier mes appréhensions : dès le lendemain les choses arrivèrent comme je l'avois annoncé : à la pointe du jour, je fus attaqué, mais mollement; ce qui me donna beaucoup à penser; de plus, le canon se faisoit entendre à Hornbach et à Saint-Imbert. Aussitôt je fis abattre le camp, charger les équipages, évacuer les prisonniers, pour être prêt à tout événement, bientôt après, arriva un brigadier de M. Lacour qui m'informa qu'un corps considérable s'avançoit par la chaussée de Mont-Plaisir, mais qu'on n'avoit pu le reconnoître; je gardai près de moi l'ordonnance.

Les ordres furent donnés pour que les équipages partissent avec les prisonniers, et se retirassent sur Sarguemine; que les postes d'infanterie se reployassent sur les hauteurs où étoit le camp, et pour que Richepanse, qui ce jour-là commandoit la reconnoissance, rassemblât ses chasseurs, et fût prêt à remonter au premier ordre.

Arriva un sous-officier de M. Lacour. « L'en- » nemi, me dit-il, est reconnu; il marche en » colonne serrée, sans éclaireurs, la cavalerie » en tête, suivie d'une colonne de grenadiers » forte d'environ six mille hommes; viennent en- » suite la cavalerie et l'artillerie volante. »

Je renvoyai le premier sous-officier avec l'ordre à M. Lacour d'engager l'affaire sans se compromettre, à l'effet seulement d'arrêter le plus possible la marche de l'ennemi; les ordres en même temps furent donnés pour la retraite; les pièces furent mises en prolonge à la queue de la colonne, soutenues par des grenadiers, et Richepanse reçut l'ordre de se reployer.

A peine ces dispositions étoient-elles prises qu'un troisième sous-officicier, de Lacour, vint à toute bride, et prononça ces seuls mots : *Il est temps!* La retraite se fit dans le meilleur ordre. Bientôt l'ennemi, qui avoit suivi Richepanse, parut : en vain il essaya d'arrêter la marche et d'engager une affaire; la marche continua, et les pièces de canon en prolonge l'empêchèrent d'exécuter son plan, et de trop serrer la colonne.

Enfin, l'on arriva à l'embranchement des chemins, et je pris position à quelques pas en arrière, bien décidé à ne pas reculer davantage sans combattre, n'ayant plus rien à craindre pour mes derrières.

Bientôt parut Lacour qui se battoit en retraite avec la tête du corps qui marchoit à sa suite. L'ennemi fut étonné de voir les Français maîtres de la position qu'il comptoit occuper. Satisfait d'avoir évité le piége, j'envoyai un trompette au général ennemi pour le prévenir que son but étant manqué, il étoit utile à l'humanité d'épargner du sang; qu'il pouvoit occuper Blise-Castel jusqu'au soir, mais qu'il eût soin de l'évacuer la nuit; que sans cela il couroit risque d'en être précipité. (1)

(1) Blise-Castel n'est point tenable, attaqué du côté de la France; ce n'étoit point une fanfaronade, l'ennemi le savoit parfaitement.

Ces propositions furent acceptées : l'ennemi retourna à Blise-Castel ; je conservai ma position. A la nuit tombante, M. de Schœnbourg m'envoya un renfort de deux mille hommes dont je n'avois que faire, puisque, rentrant dans ma position, je la trouvai évacuée.

Telle fut l'issue de cette journée, qui, bien que je fusse forcé à la retraite sans combattre, est une de celles que j'estime le plus, de celles qui ont répandu quelque éclat sur ma vie militaire ; parce que j'avois prévu le danger de ma position, dont j'avois annoncé les conséquences ; que les choses s'étoient passées telles que je les avois pressenties, et que, par suite de ma prévoyance, j'avois évité une affaire qui pouvoit et devoit avoir pour moi et mes troupes le résultat le plus fâcheux.

Rentré le soir à Blise-Castel, j'appris que mon logement avoit été scrupuleusement fouillé ; que le général qui commandoit l'expédition avoit été furieux d'avoir trouvé les Français au-dessus de l'embranchement des chemins ; que cette position, par nous gagnée, avoit renversé tous ses projets, et l'avoit compromis auprès du roi de Prusse, auquel il avoit promis de surprendre le camp, et d'amener prisonniers le général et le corps qu'il commandoit ; qu'il s'étoit informé du nom du général, et que l'ayant appris, il avoit demandé si ce n'étoit pas lui qui commandoit les grenadiers réunis la campagne précédente, et que, d'après la réponse affirmative, il avoit ajouté : « Je n'en » suis plus surpris, je n'ai jamais pu le prendre » en défaut. »

Après toutes les persécutions que je n'ai cessé d'éprouver de la part des divers gouvernements qui ont pesé sur ma patrie, après les injustices dont je suis encore la victime aujourd'hui, il m'est doux de penser que, pendant le temps que j'ai été investi de quelque confiance, j'ai su conquérir au moins l'estime de l'ennemi.

Plusieurs circonstances particulières eurent lieu pendant mon séjour à Blise-Castel; je ne puis résister au desir de les rapporter ici.

Quelques jours après mon arrivée, un particulier se présente, et demande à me parler en secret; c'étoit le maître maçon qui avoit caché dans le château le trésor et l'argenterie de madame la comtesse de la Layen; il offroit, moyennant la rétribution de 24,000 francs, de défaire ce mur, et de mettre à ma disposition tout ce que cette cachette renfermoit, et qu'il estimoit à près de 500,000 francs, observant que le château, dont on avoit enlevé tous les fers, menaçoit ruine (en effet, par ordre des représentants, balcons et ferrures avoient été enlevés, et le château étoit destiné seulement au fourrage et à la sûreté des prisonniers); que ce trésor ne pouvoit tôt ou tard manquer de devenir la proie des troupes françaises ou de l'ennemi ; je me bornai à lui faire sentir combien, ayant eu la confiance de ses maîtres, sa conduite étoit coupable ; je lui défendis de parler à qui que ce fût, sous peine de la vie, de ce qu'il m'avoit dit, lui déclarant que, s'il lui échappoit un mot, je le ferois arrêter, et je le livrerois aux autorités de son pays ; après quoi je le congédiai. Quand je quittai Blise-Castel, le trésor intact étoit toujours là. On verra plus tard les remercîments que j'ai reçus de madame de la Layen.

Lorsque j'évacuai Blise-Castel, par suite de la circonstance rapportée plus haut, un commissaire des guerres vint à moi, et me dit : « Mon général, » vous quittez Blise-Castel, je vais faire mettre le » feu aux magasins. — Pourquoi faire? — Pour » que l'ennemi n'en profite pas (j'ai dit que les » magasins étoient dans le château). — Vous » ignorez mes projets, j'ai mes raisons pour m'é» loigner un peu ; mais je compte revenir ce soir » ici : si je laisse quelque chose dans les maga» sins, je le retrouverai. » Voyant que mes raisons ne persuadoient pas ce citoyen commissaire, qui avoit aussi apparemment ses motifs pour incendier, et qu'il tenoit à son projet, je me retournai vers les chasseurs de mon escorte ; je leur ordonnai de s'emparer du commissaire, et de ne pas le laisser aller jusqu'à nouvel ordre :

ce qui eut lieu jusqu'à ce que l'ennemi eût gagné les hauteurs. Rentré le soir à ma position, je retrouvai les magasins dans l'état où je les avois laissés : l'ennemi les avoit respectés. Beaucoup de commissaires des guerres vont sûrement s'élever contre l'arbitraire d'un général qui se permet de mettre un de leurs collègues entre quatre chasseurs; je leur répondrai que j'ai empêché de commettre un crime inutile, qui même m'auroit été nuisible, puisque je retrouvai ces magasins dans l'état où je les avois laissés. Là se borna ma vengeance; je ne rendis aucun compte de la proposition du commissaire, espérant que cette leçon lui suffiroit.

Une autre circonstance est relative au bourgmestre de Blise-Castel; c'étoit un père de famille chez qui je prenois mes repas, en payant, et dont je n'avois que lieu de me louer. Un jour il m'arrive une dépêche de M. de Schœnbourg par un adjudant-général, portant moustaches, chapeau ciré, l'un de ces révolutionnaires dont on commençoit à empoisonner nos armées, et dont l'éducation militaire a tant coûté de sang à la France; j'ouvre cette dépêche, et je vois qu'elle est relative à ce bourgmestre, dont on m'ordonne l'arrestation, pour l'envoyer au tribunal révolutionnaire sous la conduite de cet officier. La terreur s'établissoit en France d'une manière effrayante, et commençoit ces horribles ravages, dont quelques individus ne se ressouviennent pas assez, puisqu'ils voudroient nous ramener à ces bons temps; obéir, c'étoit l'envoyer à une mort certaine. Je demandai à l'homme à moustaches s'il connoissoit la mission dont il étoit chargé. Sa réponse fut affirmative. Je n'avois auprès de moi que mon aide-de-camp *Urbain*, lieutenant de hussards et excellent officier, dont les principes étoient en tout conformes à ceux de son général. Lecture faite, tout haut, de la dépêche, je donnai l'ordre à cet officier de monter au camp, d'en faire descendre cent cinquante hommes d'infanterie et trente chevaux, pour bien cerner la maison, et empêcher que l'homme réclamé ne pût échapper; j'accompagnai cet ordre d'un coup-d'œil que le bon Urbain comprit parfaitement; et, pour arrêter le commissaire adjudant-général, je lui fis servir à déjeûner dans mon cabinet même. Urbain part aussitôt, se rend à pied chez le bourgmestre, le prévient de ma part que les ordres sont venus pour le faire arrêter, qu'il va monter au camp chercher les troupes à l'effet de cerner sa maison; il l'engage en conséquence à profiter du moment pour se sauver, à éviter les postes qu'il connoît, et à passer de l'autre côté : il ajoute qu'il n'a rien à craindre pour sa famille, que c'est à lui seul que l'on en veut.

Ce pauvre homme ne se le fait pas répéter, il embrasse sa femme, ses enfants, verse des larmes de reconnoissance et part. Quand Urbain le vit au-delà des postes, il courut en diligence au camp en faire descendre les troupes qu'il ramena, et, par un signe qui ne fut saisi que de moi, il me prévint de l'évasion; alors, m'adressant à l'adjudant-général, qui à peine avoit eu le temps de déjeûner, tant Urbain avoit mis de promptitude pour tromper l'espion : « Monsieur, lui dis-
» je, il est naturel, puisque c'est vous qui devez
» conduire le bourgmestre, que vous présidiez à
» son arrestation; vous seul devez avoir l'honneur
» de l'expédition; les troupes vous attendent;
» une ordonnance va vous conduire, vous mon-
» trer la maison; faites-bien vos dispositions;
» prenez garde qu'il n'échappe; je vous rends
» responsable de l'exécution de vos ordres. »

Cet officier partit enchanté de la confiance que je lui témoignois, se promettant un heureux succès de sa mission; à peine fut-il hors de l'appartement, qu'Urbain s'empressa de m'informer de tous les détails de l'évasion; et nous étions occupés à nous livrer à toute la joie que procure une bonne action, quand l'officier revint tout honteux m'annoncer son désappointement; il n'avoit trouvé personne, et toutes ses recherches avoient été vaines : il fallut qu'il s'en retournât au camp du général en chef comme il en étoit venu, emportant seulement la lettre qui attestoit les dispositions qui avoient été prises et l'inutilité de ses recherches.

Pendant que je commandois le camp de Blise-Castel, je reçus la visite de M. de Schœnbourg ; cet officier-général avoit entendu parler de la tenue de mon camp, de la discipline qui y régnoit; grand manœuvrier lui-même, il étoit jaloux de voir manœuvrer mes troupes; ma réputation dans ce genre faisoit quelque bruit depuis que j'avois reçu l'ordre d'exercer celles de Longwy; il arrive à l'improviste, refuse tout rafraîchissement, et demande à monter de suite au camp; là il voit les jardins qui entourent le camp, et qui attestent la sagesse du soldat; il demande qu'on fasse un appel : trois hommes seuls étoient absens pour cause de service; ils étoient en ordonnance; il demanda à voir manœuvrer; je prends ses ordres sur les mouvements qu'il desiroit voir : faites ce que vous voudrez, me répond M. de Schœnbourg « J'ai entendu beaucoup parler de » votre manière de manœuvrer, je veux en juger » par moi-meme, et je ne viens que pour applaudir » à vos succès. » Les troupes étoient au nombre de six mille hommes. En une heure, je fis exécuter une vingtaine de mouvements. M. de Schœnbourg partit étonné, content; mais ne pouvant dissimuler un secret dépit. Pour l'intelligence de cette phrase, je dois instruire ici le lecteur d'une circonstance qu'il ignore. M. de Schœnbourg étoit certainement un grand manœuvrier; on lui doit plusieurs manœuvres, entr'autres, la manière de défiler en tiroir, qui est très-brillante après une revue d'apparat, mais très-méthodique et même minutieuse; son instruction étoit fatigante, surtout pour le soldat, et humiliante pour les chefs, qui doivent savoir leur affaire, et n'ont pas besoin d'une théorie déplacée; je m'étois permis de faire, à ce sujet, quelques observations qui avoient été officieusement rapportées à M. de Schœnbourg; il en avoit senti la justesse, et avoit conçu dès-lors le desir de me voir manœuvrer.

Dès que je l'eus satisfait, il partit sans s'expliquer; mais j'ai su qu'il s'étoit prononcé, depuis, à mon égard, de la manière la plus flatteuse.

Quelque temps après, je tombai malade, et je fus obligé de me rendre à Sarrebruck pour me faire traiter. Je demandai à être remplacé, et je le fus par le général Prilly. A cette époque, parut ce fameux décret qui éloignoit des armées les officiers nobles; je dus en subir les conséquences, et je fus obligé de me retirer dans mes foyers.

La veille de mon départ, l'armée eut un engagement auquel je ne pus prendre aucune part, puisque j'étois suspendu. Dégoûté depuis long-temps des excès d'une révolution qui ne me présageoit que des résultats sinistres, je formai le projet de quitter une patrie en proie à des fureurs que je ne pouvois réprimer, et d'aller sous un ciel étranger attendre la fin de l'orage révolutionnaire. Je fais aussitôt seller deux de mes meilleurs chevaux : j'ordonne à mon domestique de confiance de me suivre, et je pars avec le peu d'argent qui me restoit, ainsi que mes effets les plus précieux. Déjà j'avois atteint l'avant-garde, et j'allois passer, lorsque mon domestique s'approcha et me dit : « Monsieur, est-ce que vous » voulez émigrer? Que va devenir votre père? » Cette réflexion simple d'un domestique fidèle fut un éclair qui en un moment bouleversa toutes mes idées, et me fit renoncer à mon plan. Triste, abattu, prévoyant ma destinée, je retournai sur mes pas; je me rendis au quartier-général, et je disposai tout pour ma rentrée dans mon ingrate et infortunée patrie.

Mon premier desir fut de me trouver dans ma ville natale et auprès de mon père. Arrivé à Metz, je prends la poste, et je donne des ordres pour que mes équipages me suivent; mais la municipalité de Metz, alors tout à la hauteur des circonstances, en jugea autrement, et arrêta dans sa sagesse qu'un général suspendu n'avoit pas besoin d'équipages; en conséquence, elle confisqua caissons, chevaux, malles et tout ce qui m'appartenoit. A peine la nouvelle m'en fut-elle parvenue, que, fort de ma conscience, je m'adressai au Comité de salut public pour avoir le redressement d'une injustice aussi notoire; celui-ci donne aussitôt à la municipalité l'ordre de restituer les objets volés, et de remplacer ceux qui auroient été détournés. On va peut-être penser que cet ordre émané d'un Comité qui, s'étant arrogé le droit de vie et de mort sur tous les citoyens, tenoit la France entière dans la stupeur, auroit son plein et entier effet; non, il n'en fut point ainsi. Il s'agissoit d'un vol paré de l'intérêt public; non-seulement la municipalité de Metz refusa d'obéir, mais même elle trouva impertinente la réclamation d'un général qui s'avisoit de protester contre une de ses décisions; et pour l'en punir elle écrivit au ministre de la guerre, Bouchotte, pour se plaindre de ce qu'il souffroit à Paris un général suspendu de ses fonctions, lorsqu'un des décrets bienfaisants de la Convention enjoignoit à tout officier suspendu de s'éloigner à trente lieues de la capitale ou des frontières. Bouchotte étoit messin; il s'empressa d'obtempérer à la demande de sa chère municipalité, et donna aussitôt l'ordre de m'arrêter.

Un soir, il étoit près de minuit, je rentrois chez moi en revenant de la campagne; j'aperçus dans la loge du portier mon domestique, le même qui m'avoit empêché d'émigrer, que l'on tenoit au collet au milieu de plusieurs personnes armées de piques; mon premier mouvement fut la fuite; mais je me représentai ma sœur et mon père que l'on ne manqueroit pas d'arrêter à ma place; l'honneur et la nature l'emportèrent sur le sentiment de ma conservation; je rentrai, et, m'adressant aux sbires de la terreur : « Ce n'est sûrement » point au domestique que vous en voulez, leur » dis-je, mais au maître; le voilà; que lui de- » mandez-vous? — J'ai l'ordre du ministre de la » guerre, répondit un officier, de vous arrêter et » de vous conduire à l'Abbaye; voici mon ordre. » — Je suis à vous; je ne demande que le temps » nécessaire pour prendre du linge et quelques » vêtements; veuillez me suivre, montez à mon » appartement. » Le premier objet qui frappe ma vue, c'est la liasse de tous les titres de famille que mon père avoit confiés à mes soins, et qui devenoient pour moi un titre de proscription pour ne les avoir point livrés; comment les soustraire? La chose devenoit difficile : cependant je saisis un moment opportun où ces citoyens étoient occupés dans mon cabinet, et je les glissai sous le coussin d'une bergère; après quoi, nanti d'un léger paquet, je suis mon escorte, consistant en un jeune officier, qui me manifestoit respect, sensibilité et intérêt, plus, deux citoyens en sabots et armés de piques.

Malgré la foiblesse de mon escorte, je me laissai conduire à l'Abbaye, où nous arrivâmes à deux heures du matin. Nous frappons; le concierge refuse de me recevoir, alléguant le défaut de place; en vain l'officier justifie de son ordre; j'insiste et je réclame les honneurs de l'Abbaye, comme mes camarades. Le concierge, pestant, jurant, me repousse rudement, et me dit tout bas : « Va-t-en; » c'est pour te sauver que je refuse de te recevoir. » Quel trait de lumière! et où l'humanité va-t-elle se loger! On saura bientôt quel étoit l'ange tutélaire qui veilloit sur mes jours (1). Je n'insistai plus, on me conduisit au réfectoire de l'Abbaye; c'est là que l'on m'enterra tout vivant, au milieu de quatre-vingts honnêtes gens, victimes comme moi des fureurs révolutionnaires, mêlés parmi quarante voleurs, assassins ou fabricateurs de faux assignats; deux lits de camp faisoient le tour de ce réfectoire, changé en un vrai cloaque, dont l'air étoit tellement impur qu'il falloit toutes les dix minutes changer de place les lampes (que l'on permettoit aux prisonniers qui pouvoient en avoir), afin de les empêcher de s'éteindre. Fort de ma conscience, je ne cessois d'écrire aux Comités de

(1) Voir la page 140.

salut public et de sûreté générale, à l'effet de réclamer le triste honneur d'être jugé. Il y avoit près de deux mois que je m'épuisois en réclamations inutiles, lorsqu'un des gardiens, Schmit, et qui, disoit-on, avoit contribué au massacre des prisons, s'approcha de moi et me dit : « Est-ce toi » qui es le général Desperrières? — Oui, que me » veux-tu? — Va à ton lit, j'ai à te parler, et » tais-toi. » En effet, cinq minutes après il me remit un petit billet, en ajoutant : « Sois discret. » — De quelle part? — Tu le verras. — Y a-t-il » une réponse? — On ne m'en a point demandé. » Ce billet fut avidement décacheté et lu; il ne portoit point de signature, et étoit d'une main inconnue; il donnoit en substance cet avis :

« *C'est par mes soins que vous n'avez point* » *été reçu à l'Abbaye; votre vie tient à ce que* » *l'on ignore le lieu qui vous recèle: déjà l'on est* » *allé trois fois vous demander à l'Abbaye pour* » *vous traduire au tribunal révolutionnaire. Cessez donc vos éternelles réclamations; attendez* » *tout du temps, et laissez-vous oublier.* »

Quelle étoit la main bienfaisante qui avoit tracé ces lignes? Le caractère ne m'en étoit point connu, et sans la circonstance qui la dévoila bientôt, il y a apparence que c'eût été pour moi un mystère inexplicable (1); l'avis n'en eut pas

(1) Voir la page 140.

moins toute sa force. Je cessai d'écrire; je m'abandonnai à ma destinée, et je me promis d'attendre tout du temps.

Une circonstance assez singulière mérite d'être ici rapportée. J'ai dit que des voleurs et des assassins se trouvoient en ce cachot, confondus avec quatre-vingts victimes; plusieurs d'entre eux cherchoient à lier conversation avec moi : je m'en amusois; j'appris même l'argot, qui est le langage particulier de ces messieurs, et je leur inspirai une telle confiance, qu'un jour, ayant pratiqué un trou pour se sauver, deux d'entre eux vinrent, au nom des autres, m'offrir, sous le sceau du secret, d'en profiter un des premiers; je les remerciai et je refusai. Je m'en félicitai bientôt, car le trou fut dénoncé par un de ces affidés que toujours la police entretient dans les maisons d'arrêt, et les auteurs ou complices de l'ouvrage furent mis aux fers. Mais pour boucher le trou, on fut obligé de faire évacuer la salle par tous les prisonniers : une force nombreuse est requise à cet effet, le bruit de ses armes retentit jusqu'au fond de ce vaste cachot et y porte l'épouvante; chacun se rappelle les journées de septembre, et l'idée d'un massacre général se répand et se propage parmi tous les prisonniers qui démontent leurs lits de sangle et s'arment des montants : ressource inutile d'un désespoir impuissant! Le guichet s'ouvre, et présente une double haie de gendarmes et de citoyens armés; le concierge entre, une liste à la main. Quel moment pour ceux qui sont les premiers appelés! Un morne silence régnoit dans cette enceinte; chacun cherchoit à surprendre les cris des victimes; cependant nulle plainte ne se fait entendre; une douce sécurité commence à renaître, et les prisonniers s'en vont tranquillement attendre dans la cour l'ordre de rentrer dans leur tombeau.

Il sera facile de juger de l'horreur d'un pareil séjour, quand on saura que plusieurs suicides y furent commis; que de malheureux détenus préférèrent se donner la mort à se voir condamner à une agonie aussi désespérante; que d'autres en sortirent fous, pour aller, dans les cabanons de Bicêtre, expier l'excès de leur désespoir. Chaque jour amenoit une catastrophe nouvelle; et le Comité de salut public, contrarié de voir diminuer journellement le nombre de ses victimes, prit un arrêté pour fermer et supprimer cet antre du malheur. Alors, par suite d'un nouveau et ingénieux travail, les prisonniers furent répartis et transférés dans de nouvelles prisons, en raison de la gravité de leur écrou. Comme suspecté d'être suspect (terme textuel de mon écrou), je fis partie des charretées conduites au collége du Plessis, succursale de la Conciergerie, puisque chaque jour les tombereaux révolutionnaires venoient y chercher une quarantaine de victimes pour alimenter l'infâme tribunal.

Ce fut la veille de cette translation que je connus enfin l'ange tutélaire qui avoit veillé sur mes jours. Le même guichetier me remit avec les mêmes précautions un second billet de la même écriture, mais signé; ce billet étoit tracé par une main reconnoissante, et portoit l'empreinte du désespoir : on ne savoit où j'allois être conduit, on ne pouvoit plus m'être utile, et l'on s'engageoit à ne pas survivre à la mort de l'homme qui avoit sauvé l'honneur à une famille innocente; ce billet étoit de la jeune personne que, deux ans auparavant, j'avois conduite avec sa mère chez le ministre Duport-Dutertre, à l'amitié de qui j'avois dû un sursis, dont l'issue d'un second procès avoit prouvé la justice. Pourquoi faut-il qu'une mort prématurée ait fauché dans son printemps une si belle âme! Je n'ai pu que remercier ma bienfaitrice : une maladie de poitrine est venue l'enlever à la terre et la rendre au Ciel.

Transféré au collége du Plessis, je pus au moins y jouir, au bout de cinq mois et demi, de l'inappréciable bienfait de respirer l'air, et de n'être plus en contact immédiat avec des scélérats; ce séjour, quoique *prison*, me parut un lieu de délices, en comparaison du lieu infâme d'où je sortois, et de la classe des individus qui composoient la majorité des détenus, parmi lesquels je fus assez heureux pour me faire plusieurs amis, dont je garderai toute ma vie un tendre souvenir. De combien de traits de courage ne fus-je pas témoin dans cet affreux séjour!

Un habitant de Paris, un notaire nommé Drugeon, avec qui je m'étois intimement lié au réfectoire de l'Abbaye, et qui fut transféré avec moi au collége du Plessis, fut celui qui, par sa philosophie, sa gaîté et son stoïcisme, me parut le plus extraordinaire; chaque jour, bravant les émissaires de la terreur, il se moquoit d'eux, railloit concierge, gardiens et même commissaires, et, les traitant de scélérats, leur annonçoit la justice divine prête à les frapper inévitablement, en expiation des crimes dont ils se faisoient les vils instruments; son courage en eût donné au moins brave; il faut dire plus, il imposoit au crime.

C'est dans ce séjour de désolation que je retrouvai et vis pour la dernière fois la femme de mon ancien général, madame de La Fayette: un gardien venoit de l'insulter; j'eus la satisfaction de le faire punir, et de la faire respecter.

Quelques mois s'étoient écoulés, lorsque le 9 thermidor arriva; ce fut la nuit du 9 au 10 que les prisonniers en eurent l'heureux pressentiment par les bruits du dehors : *aux armes, citoyens! rendez-vous à vos sections*. Toute la ville étoit en rumeur, et tout sembloit présager un grand événement. En un moment tous les prisonniers furent sur pied, et, malgré la sévérité des gardiens, les corridors se trouvèrent libres; on s'embrassoit; l'allégresse de tous présageoit la catastrophe qui fut la cause d'un délire général, quand elle fut connue. Le premier journal du soir qui annonçoit la chute de Robespierre fut payé 5 louis par Biré, notre compagnon d'infortune, qui en auroit donné 25.

Pour se faire une idée de la sensation que produisit ce trop heureux événement, il faut avoir été dans la position de malheureux attendant la mort d'un instant à l'autre, et connoissant le peu d'instants qu'ils avoient encore à vivre, puisque les fatales listes étoient entrées dans la prison; quant à moi, l'époque de mon exécution étoit fixée au 14.

Dès le lendemain, les rigueurs de la captivité commencèrent à s'adoucir; les figures des gardiens semblèrent moins sombres, et les premières mises en liberté achevèrent de porter l'espoir et la consolation dans l'âme des détenus. Cependant deux mois s'étoient écoulés; presque tous les prisonniers de mon temps étoient libres et remplacés par les agents de la terreur, que j'étois encore au collége du Plessis; ma qualité de général étoit un obstacle à ma liberté. Le Comité de salut public alléguoit ne pouvoir rien faire sans le Comité de sûreté générale, et celui-ci disoit ne pouvoir prononcer sans celui de salut public. Il fallut qu'un ami, *Cramayel*, qui avoit été mon camarade de chambre, allât trouver l'un des représentants qui étoient à Arlon, *Levasseur de la Manche*; il lui parla de moi, et des difficultés qui s'opposoient à mon élargissement; celui-ci, après avoir manifesté le plus grand intérêt pour moi, réunit les deux Comités, et la mise en liberté fut enfin signée. Ce fut à ma sortie de prison que je me liai avec plusieurs membres de la Convention, de ceux qui paroissoient les plus prononcés contre la terreur qui venoit d'être abattue, et j'eus la satisfaction de leur faire signer plusieurs mises en liberté.

Ces jours de calme et de bonheur ne pouvoient durer long-temps. En germinal, les jacobins essayèrent de prendre le dessus : les honnêtes gens sauvèrent la Convention, et je me joignis à Pichegru. La journée du 1er prairial fut le signal de nouvelles horreurs, et marquée par la mort du député Ferraud, qui fut assassiné au milieu de la Convention forcée et cernée par les clubs et les habitants des faubourgs. Les citoyens bien pensants coururent aux armes, et j'entrai avec le général Menou à la tête d'une partie d'entre eux pour dégager la Convention.

Le lendemain, la Convention, qui venoit en masse et individuellement d'échapper comme par un miracle aux horreurs de l'anarchie, sentit la nécessité de s'entourer d'une force armée imposante, et de mettre à sa tête des généraux amis de l'ordre et des principes; en conséquence, elle décréta une armée de l'intérieur : le général Menou en fut le général en chef; j'y fus appelé.

La violation de l'Assemblée, l'assassinat de Ferraud, sa tête portée au bout d'une pique, et promenée au milieu de la Convention, demandoient une vengeance éclatante. Non-seulement les assassins n'étoient point arrêtés, mais celui qui avoit osé porter cette tête, et la présenter à baiser au président (Boissy-d'Anglas), avoit été arraché par le peuple aux mains de la force armée, et conduit avec les autres assassins dans le faubourg Saint-Antoine, qui, toujours maintenu en agitation par les jacobins, menaçoit la capitale de nouveaux malheurs. Le 4 prairial fut le jour marqué; la ville étoit en armes; tout ce que Paris renfermoit de gens honnêtes et intéressés à l'ordre étoient venus en masse s'offrir à la Convention pour réprimer les fureurs révolutionnaires; réunis aux troupes, ils furent mis à la disposition des généraux désignés pour l'armée de l'intérieur, et conduits contre le faubourg Saint-Antoine, qui, ses canons chargés, et soutenu de sa nombreuse population, se préparoit à une vigoureuse résistance. Les représentants et le décret n'étant point arrivés, on suspendit la marche à la hauteur du jardin Beaumarchais.

Enfin, Fréron et les autres arrivèrent; je demandai quel étoit le motif qui faisoit marcher en armes contre le faubourg, et compromettoit ainsi les citoyens d'une même ville; c'est alors que j'appris que le faubourg refusoit de livrer les assassins, et s'étoit armé pour les défendre. Je demande aussitôt la suspension des hostilités, et j'offre, si l'on connoît leurs noms et leurs demeures, d'entrer seul dans le faubourg avec quatre cavaliers et quatre jeunes gens seulement, d'enlever les assassins et de les amener.

Cette proposition, tout audacieuse qu'elle paroissoit, fut aussitôt acceptée, et eut son plein effet; l'embarras fut de mettre un frein à l'ardeur des jeunes gens, qui tous vouloient me suivre. Je regrette infiniment d'avoir oublié les noms de ces braves jeunes gens; avec quel plaisir je les signalerois ici! je ne me rappelle malheureusement que celui d'un de mes amis intimes, le jeune La Freté, qui me pressa si vivement qu'il fut un des choisis.

Je me présentai donc seul au faubourg, haranguant le peuple, qui, me voyant mettre le sabre dans le fourreau, prit en moi une telle confiance, qu'il ouvroit ses rangs pour me laisser passer; je parvins de la sorte jusqu'à l'extrémité du faubourg, dans une rue à gauche, et je m'arrêtai droit à la maison indiquée. Les personnes préposées pour l'arrestation, mirent pied à terre, allèrent chercher les individus, qui furent mis au milieu de la petite escorte, et amenés, non sans risques, mais sans accidents, aux représentants du peuple très-étonnés, dont le but se trouvoit en partie atteint sans effusion de sang.

Ma mission au faubourg étant heureusement remplie, les mutins, plus éclairés sur leurs intérêts, se soumirent, et livrèrent, aux termes du décret, leurs canons, que les troupes ramenèrent à la grande satisfaction des citoyens paisibles qui n'avoient pu prendre part à l'expédition de la journée.

Qui auroit pu croire que cette Convention, qui, au 10 germinal, aux 1er, 2 et 4 prairial, avoit manqué d'être victime du jacobinisme et de ses fureurs, quelques mois plus tard, tourneroit ses mêmes armes contre les citoyens qui ne demandoient que le rapport des décrets des 5 et 10 fructidor, rendus pour perpétuer le pouvoir dans une assemblée qui avoit couvert la France d'échafauds et de sang? Mais n'anticipons pas sur les événements.

L'armée de l'intérieur venoit de se former; il fut aussitôt question de désarmer cette gendarmerie des tribunaux, dont plusieurs, s'étant répandus dans le faubourg Saint-Antoine, avoient été pris au milieu des factieux; ce fut sur la place Louis XV qu'eut lieu cette expédition, dont l'exécution me fut confiée. Les troupes de ligne formoient deux côtés du carré, le bataillon des jeunes gens le troisième, et la gendarmerie le quatrième; le décret leur fut lu, et n'éprouva aucun obstacle: ces soldats, qui, pendant les années de terreur et de désolation, avoient été les sbires insolents d'une minorité sanguinaire, et qui avoient appuyé de leurs armes les massacres périodiques et journaliers des innocentes victimes de la fureur de ces cannibales, expièrent leur atroce conduite par leur licenciement sur cette même place, témoin de leurs horribles exploits.

Cette opération faite, la Convention, qui paroissoit revenue à des principes plus justes, fière de l'appui des honnêtes citoyens, chercha à s'affranchir du joug des révolutionnaires et des buveurs de sang: les canons furent ôtés aux sections, et par elles ramenés à l'arsenal; les piques enlevées à ces hommes sans aveu que la révolution avoit eu tant d'intérêt à armer, et qui, pendant cinq mortelles années, avoient si bien secondé les projets homicides de leurs chefs; la garde nationale fut épurée et réorganisée ; et, ce qui paroîtra plus incroyable, presque tous les généraux employés à l'armée de l'intérieur furent pris dans la classe de ces officiers, naguère proscrits par un décret, dans celle des officiers de l'ancien régime : tout, en un mot, présageoit un avenir plus heureux.

Mais le parti jacobin, qui n'étoit que comprimé, et qui étoit loin d'être abattu, ne tarda point à s'apercevoir du tort que lui portoit l'organisation d'une armée, à la porte même de l'assemblée, dont tous les généraux étoient si opposés aux principes révolutionnaires : aussi n'eurent-ils pas de repos qu'ils n'eussent introduit une de leurs créatures parmi ces généraux. M. ***, qui venoit d'être nouvellement promu au grade de général, et dont la conduite antérieure attestoit le dévouement à la secte, fut l'homme choisi pour y être employé ; son arrivée fit grand bruit parmi les généraux ; chacun se demandoit quelle action l'avoit fait connoître, et quel motif le faisoit employer dans une armée où il n'y avoit point de place vacante ; le hasard voulut que je le connusse ; je l'avois vu commandant un régiment à l'armée de la Moselle, et j'avois été témoin de sa conduite révolutionnaire dans une ville de guerre, où il exerçoit une grande influence comme président du comité révolutionnaire ; je racontai ce que j'en savois à mes camarades, qui, d'un commun accord, décidèrent de ne point frayer avec lui, et s'engagèrent même d'honneur à lui faire sentir à la première occasion combien sa présence à cette armée déplaisoit à tous les généraux.

Cette circonstance eut une influence trop directe sur ma vie, pour que je passe sous silence l'anecdote suivante :

Un grand dîner avoit eu lieu entre les chefs de la garde nationale réorganisée, et ceux des troupes de ligne, dont la plupart étoient réunis au camp de Marly; après le dîner, auquel je n'avois pu assister, je me rendis à l'état-major pour porter au général en chef un travail qu'il m'avoit demandé pour la défense de la Convention, dans le cas où elle seroit de nouveau attaquée par le parti qui s'étoit prononcé en germinal et prairial; arrivé à l'état-major, je n'y trouvai que le chef d'état-major, Baraguay-d'Hilliers, et M. le général ***. J'aperçois mon nom après le sien sur une liste que dressoit le chef de l'état-major; je demandai ce que c'étoit que cette liste : « C'est, me répondit Baraguay, la liste de service de MM. les généraux. » Etonné de me trouver, général depuis deux ans, après M. ***, général de la veille, j'en demandai les motifs; Baraguay m'apprit que, d'après un nouvel arrêté, à grade égal, c'étoit le plus ancien par les premiers services, non le plus ancien de grade, qui prenoit le pas; une discussion s'engagea sur cette difficulté, et M. *** me fit observer qu'il avoit vingt-quatre ans de service, et que j'étois encore fort jeune.

Me rappelant alors et l'engagement de mes camarades, et ce dont j'avois été témoin à l'armée : « Si vos services, lui dis-je, ressemblent à ceux » que je vous connois à l'armée de la Moselle, » sur vingt-quatre années, il y en a vingt-trois » dont vous devez rougir. » Au même moment, les deux battans s'ouvrent, le général en chef et les représentants du peuple, suivis de tous les généraux, de l'état-major et de celui de la garde nationale, entrent; la conversation devient générale. M.*** prend la parole, et, s'adressant au général Menou, il s'exprime en ces termes : « Général, j'arrive nouvellement à cette armée, » et n'y suis point connu; M. le général Desperrières, qui paraît y jouir d'une influence » que je suis loin de lui contester, vient de tenir » un propos sur moi qui pourroit me couvrir » d'une grande défaveur : je le somme, au nom » de l'honneur, de s'expliquer sur ce qu'il a » voulu dire. » Ayant demandé et obtenu la parole pour répondre : « Mon général, répliquai-je, » Monsieur me somme, au nom de l'honneur, de » m'expliquer sur son compte; je vais le faire » avec la véracité qui appartient à mon caractère, » et je vais dire devant l'état-major ce que je

» dirois devant l'armée, devant la Convention, » devant la nation entière, si elle étoit assemblée. » Monsieur, qui vient au milieu de nous comme » général, et je ne sais à quel titre, est un homme » couvert de crimes et d'opprobre, indigne de » porter l'habit d'officier général, et encore plus » de servir avec des gens d'honneur comme nous. » Ce que je dis, je le soutiendrai militairement; » Monsieur me trouvera toujours à l'état-major » ou chez moi; je le soutiendrai juridiquement, » dût ma déclaration le conduire à l'échafaud; » Voici le mémoire que vous m'avez demandé, » avez-vous des ordres à me donner? » A peine fus-je retiré, que M. ***, m'a-t-on dit, porta des plaintes contre moi, et sollicita du général en chef que je fusse mis aux arrêts; le général s'y refusa, et objecta qu'étant reconnu pour bon camarade, il falloit que j'eusse des raisons bien fortes pour m'exprimer ainsi; qu'il pouvoit provoquer avec moi une explication, que je saurois la soutenir. M. *** sortit, et alla trouver les représentants du peuple, auxquels il fit la même demande, et dont il ne reçut que la même réponse. Le lendemain, il ne parut ni à l'état-major ni chez moi; le surlendemain il vint à l'état-major avec un écrit imprimé, contre moi, qu'il essaya de répandre; mais personne ne voulut le recevoir, et je ne pus même m'en procurer un exemplaire.

Enfin, à cinq heures et demie du soir, ce même jour, il se rendit chez moi avec un grand jeune homme qui étoit son témoin, et cela au moment où l'on alloit se mettre à table; je lui demandai s'il venoit pour avoir raison des propos que j'avois avancés, lui déclarant que je l'attendois depuis deux jours. « Je viens savoir, me dit-il, ce que » vous avez à me reprocher? — Mettez-vous là, » Monsieur, et vous connoîtrez mes motifs. » Ensuite j'entrai dans tous les détails d'une partie des faits qui étoient à ma connoissance, j'ajoutai : « Croyez-vous qu'il y en ait assez? et » cependant je ne vous dis pas la dixième partie » de ce que je sais. » Alors M. *** reprit : « Il » paroît, Monsieur, que vous voulez avoir une » affaire avec moi? — Non, Monsieur; mais j'y » suis préparé. — En ce cas, général, à demain » au bois de Boulogne, huit heures du matin. » — « Je m'y rendrai, mais je vous dois un avis, » que je crois de mon devoir de vous donner : » ne cherchez point de témoins parmi les officiers-généraux de l'armée, vous n'en trouverez » point; quant à moi, j'en amenerai deux. »

Ainsi finit cette explication, qui le lendemain devoit amener un combat à mort.

J'allai chez les généraux Latour-Foissac et Félix, qui acceptèrent de me servir de témoins, et je me rendis à l'heure convenue avec eux porte

Maillot; ma voiture arrivoit en même temps que celle du général. A la porte du Suisse, je trouvai M. Degrave, colonel de l'ancien régiment de cavalerie Royal-Cravatte, à qui j'avois eu le bonheur de rendre un service essentiel à l'affaire d'Arlon; mon étonnement fut grand de voir cet officier témoin de M.***, et je lui en témoignai ma surprise; il me répondit qu'il n'avoit accepté « que parce qu'il s'agissoit de moi; que d'abord » il avoit refusé, mais que, sachant que j'étois » partie intéressée dans l'affaire, il s'étoit em- » pressé d'accepter, dans l'espérance de l'arran- » ger. » Je lui racontai succinctement ce qui s'étoit passé. Degrave en témoigna son étonnement; Latour-Foissac lui certifia les faits : ce qui contraria beaucoup ce bon colonel, qui ne voyoit plus de moyen de conciliation. Voici celui que je proposai : C'etoit que le général *** reconnût par un écrit, attesté de ses témoins, que je m'étois rendu avec les généraux Latour-Foissac et Félix pour lui rendre raison des propos que j'avois tenus sur son compte en plein état-major; que, les reconnoissant justes et de toute vérité, il consentait à ne pas passer outre, et s'engageait non-seulement à donner sa démission, mais même à ne jamais servir dans la même division ni à la même armée que moi. Etonné d'un pareil arrangement, Degrave hésitoit à faire une semblable proposition ; cependant il se décida, et revint un instant après proposer, de la part de M. ***, quelques modifications, qui toutes furent refusées par moi : alors Latour-Foissac descendit, entra chez le Suisse, et se chargea de rédiger l'écrit, qui fut signé des généraux Latour-Foissac et Félix, et des deux témoins du général ***.

Rentré à Paris, je me rendis à l'état-major ; j'y donnai connoissance de l'écrit que je rapportois, lequel fut sur-le-champ copié en vingt expéditions, paraphées par le chef d'état-major, et collées sur chaque porte en dehors et en dedans, et le général *** envoya aussitôt sa démission.

Cet événement, qui en apparence n'étoit qu'une simple querelle entre deux généraux, eut une conséquence bien autrement importante. Les jacobins qui, par la fin de cette affaire, manquoient le but qu'ils avoient voulu atteindre (l'admission d'un de leurs officiers dans un état-major qui leur donnoit de l'ombrage) se déchaînèrent avec force contre celui qui en avoit été l'auteur : ils assaillirent le comité militaire, et n'eurent point de repos que je ne changeasse d'armée. En effet, peu de jours après, je reçus de nouvelles lettres de service pour l'armée de l'Ouest ; mais je les renvoyai, regardant cette nouvelle nomination comme une improbation de ma conduite : ce renvoi fut accompagné de ma démission ; mais elle me revint avec de nouvelles lettres de service pour une autre armée : elles eurent le même sort que les premières, ainsi que les suivantes, jusqu'au moment où je fus enfin rappelé à l'armée de l'intérieur. Le comité militaire me nomma chef de l'état-major de l'armée près Paris. Le général en chef, qui s'étoit cru en droit de disposer de cette place, y avoit nommé le général Duvigneau ; son amour-propre se trouvant compromis, il m'engagea à ne pas insister sur ma nomination, me pria même de rester auprès de lui, me flattant de l'idée que je pourrois à Paris lui être beaucoup plus utile.

Mais dans cette capitale l'horizon politique s'étoit bien rembruni ; la Convention, qui, après le 9 thermidor, avoit eu l'air de se prononcer contre la terreur qui avoit ensanglanté la France et fait détester la république ; cette Convention qui, en germinal et prairial, avoit été arrachée à la fureur des factieux par la partie saine des citoyens, revint à ses premiers principes, et leva le masque de l'hypocrisie dont elle s'étoit couverte : effrayée de ses propres crimes, craignant, avec raison, les reproches mérités de ses commettants, elle préféra effrayer la France en éternisant ses pouvoirs, et rendit les décrets des 5 et 13 fructidor.

La France, dont les plaies étoient encore saignantes, se révolta contre une innovation qui lui présageoit la continuation de ses maux.

Paris, dans cette lutte, crut devoir prendre l'initiative, par des adresses virulentes; il manifesta son opposition et son indignation : les bons citoyens firent plus, ils coururent aux armes, et ce qui exaspéra le plus les têtes, fut le retour de la Convention à ses bons amis les jacobins, et son appel aux agents de la terreur. Les prisons furent rouvertes et revomirent aux yeux de la nation épouvantée tous ces agents de l'horrible terreur : les meneurs jacobins, les membres des comités et tribunaux révolutionnaires, dont la France en larmes réclamoit une justice exemplaire, furent rendus à la liberté : les comités de gouvernement en firent un bataillon pour eux sacré, leur donnèrent des armes, et les organisèrent cour du manége, prétendant que les généraux les adjoignissent aux troupes de ligne, et en prissent le commandement.

C'étoit précisément le 12 vendémiaire que cette nouvelle éclata; je devais, ce jour-là, commander Paris : j'en suis instruit aussitôt après mon arrivée à l'état-major; tous les officiers viennent au devant de moi, et n'hésitent pas à me manifester leur indignation. J'entre alors chez le général en chef, qui, d'un air consterné, me certifie cette épouvantable mesure; je propose aussitôt de protester par une députation, au nom de tout l'état-major; ce qui fut accepté à l'unanimité. Le général en chef, quatre généraux dont je fis partie, formèrent la députation. Elle se rendit d'abord auprès des représentants du peuple attachés à l'armée, qui, ayant l'air de partager nos sentiments, se joignirent à nous pour nous conduire au Comité de gouvernement, composé de trois membres du Comité de salut public, et de deux du Comité de sûreté générale. Arrivés au Comité, on nous fit attendre une heure, ce qui ne nous pronostiqua pas une réception favorable; enfin nous fûmes introduits; Menou porta la parole, et le fit avec la force et l'éloquence que la circonstance commandoit, et conclut en demandant le désarmement du bataillon des terroristes; le citoyen Barras, qui présidoit ce Comité, ne sachant que répondre, dit à Menou : « Voilà bien votre avis; reste à savoir » maintenant si c'est celui des généraux qui vous » accompagnent. »

Je demandai à répondre, et j'appuyai par de nouvelles considérations le dire du général en chef; sur ce, le Comité demanda à délibérer, et le fit pendant que les généraux se retirèrent. Rentrés, le citoyen Barras nous dit : « Nous » croyons comme vous que la mesure adoptée » de l'armement des citoyens sortis de prison est » une mesure hasardée; mais elle est prise, et

» revenir sur une chose faite, seroit foiblesse; » de plus, qui voudroit s'en charger? »

« Je m'en charge, m'écriai-je; vous allez » rendre un décret par lequel vous rapporterez » celui de cette nuit, et vous ordonnerez le dé- » sarmement; le général en chef mettra à ma » disposition douze cents hommes; j'en formerai » quatre colonnes de trois cents hommes chaque; » je m'emparerai des issues qui mènent à la cour » du manége; je ferai faire halte à mes colonnes, » quand les têtes seront en vue : je me charge du » reste. — Mais s'ils résistent? — S'ils résistent, » je les exterminerai jusqu'au dernier. » Cette détermination étoit bien loin de faire le compte des membres de ce Comité : aussi, après s'être seulement regardés, Barras ajouta : « Nous ne pou- » vons revenir sur cette mesure; le bataillon res- » tera armé; ce sera une augmentation de force » contre les factieux, et vous les commanderez. » — Moi! jamais! Il n'y a point de sang français » sur mes habits, et je ne commencerai point » aujourd'hui par me couvrir de celui des citoyens » dont je partage l'opinion; vous avez mes ser- » ments, je ne marcherai point contre vous; mais » je ne marcherai point pour vous, ne comptez » pas sur moi. » Toute la députation appuya ma déclaration, et se retira très-mécontente. Arrivés à l'état-major, je proposai au général en chef de nous rendre à la barre, et d'y protester contre la mesure du Comité de gouvernement; Menou ne l'osa; il trouva trop hardie une démarche, qui peut-être eût sauvé la capitale d'un bien grand malheur; alors je me retirai, annonçant que je ne pouvois partager la honte d'un pareil crime, et que je ne reviendrois pas. Menou voulut me ramener; tout ce qu'il put me dire fut inutile; je persistai, et je rentrai chez moi. Buonaparte, qui venoit d'arriver la veille pour réclamer contre sa radiation du tableau des généraux (1), alla trouver son ami Barras, qui lui proposa la place que je laissois vacante (Buonaparte, qui étoit Corse, mitrailla Paris). La journée du 13 vendémiaire a laissé d'assez douloureux souvenirs; ce crime l'a mené à l'empire, et celui qui s'étoit refusé à le commettre fut mis hors la loi.

Mon premier mouvement fut de céder aux prières de ma femme et aux instances de mes amis. Après le 13 vendémiaire, je me retirai chez M. Delamotte, administrateur des vivres, avec qui j'étois intimement lié; mais trois heures après, je rougis de ma foiblesse, et je rentrai chez moi.

Ma position devenoit tous les jours de plus en

(1) Non-seulement Buonaparte n'étoit point disponible, mais il étoit rayé du contrôle des généraux, et ne faisoit point partie du tableau. Voyez l'organisation d'Aubry.

plus critique, puisque toute ma fortune étoit à Saint-Domingue, et que j'étois sans traitement, comme destitué : je me vis forcé d'essayer de reprendre du service pour subvenir aux besoins de ma femme et de mon père, riche naguère, mais entièrement ruiné par la révolution. On sent facilement que les membres du Directoire, dont j'avois refusé de contribuer à affermir la puissance, ne me pardonnèrent point ma courageuse opposition; que je ne pus espérer d'être employé pendant son existence, trop heureux encore d'avoir sauvé ma tête! Cependant je dois à la vérité de déclarer ici que l'opposition ne fut pas générale; que si l'esprit de parti et d'acharnement fut terrible chez quelques-uns, principalement chez Barras, chez un autre l'intérêt public l'emporta sur la haine, comme on pourra en juger par le fait que je vais rapporter.

Le président du Conseil des Anciens, M. Lebrun, devenu depuis troisième consul, étoit un ancien ami de mon père; un jour je le rencontre; je lui expose ma position, en lui témoignant le desir de reprendre du service; je réclame son entremise auprès du Directoire, comme président du Conseil des Anciens; M. Lebrun, qui depuis long-temps m'avoit perdu de vue, hésite, alléguant que, depuis qu'il est aux Chambres, il s'est fort occupé de finances, et pas du militaire, qu'il ignore l'opinion que l'on peut avoir de moi. « Ne craignez » rien, lui dis-je, je ne suis pas sans quelque » gloire, et je puis vous attester que je suis sans » reproche. » — « En ce cas, dit M. Lebrun, je » vous donne ma parole de voir Carnot et de lui » parler de vous; venez me voir jeudi, rue Cassette, à sept heures du soir. »

A l'heure et au jour convenus je m'y rendis; aussitôt que je fus annoncé, les deux battans me furent ouverts, et je reçus l'accueil le plus honorable. « Entrez, me dit M. Lebrun; M. Carnot rend la » justice la plus éclatante à votre courage et à vos » talents militaires; je l'ai vu naître, ai-je ajouté, » j'ai été fort l'ami de son père. » — « Ne vous en » défendez pas, reprit Carnot; nous n'en avons » pas quatre qui le vaillent, et c'est avec plaisir » que j'en parlerai au Conseil; mais je crains » bien de ne pas réussir, il a un terrible ennemi » dans Barras.

Le général Bernadotte, après le 13 vendémiaire, venoit d'être nommé ministre de la guerre; je rencontre un jour le général Lefebvre, intime ami du ministre; je lui expose franchement ma position; ce brave homme s'indigne de l'inutilité à laquelle on m'a réduit: « Viens me voir, me dit-il; » Bernadotte est mon ami; je veux te présenter à » lui, il faudra bien qu'il t'emploie. » Le jour pris, nous nous rendîmes au ministère; le général

Bernadotte étoit à genoux devant ses cartes, calculant ses marches contre l'Europe conjurée. « Je te présente, lui dit Lefebvre, un général que » tu dois connoître; j'ai été sous ses ordres, je l'ai » vu travailler, tu peux et tu dois l'employer avec » toute confiance; tu peux en faire un général » d'avant-garde, un chef d'état-major, un gé- » néral d'artillerie, je suis sa caution. » Bernadotte promit de m'employer; sûrement il l'eût fait, mais Barras étoit là! Cette démarche fut sans effet, et ne laissa dans mon cœur que le sentiment d'une double reconnoissance.

Pourquoi, après un trait de reconnoissance, faut-il que la vérité me force à en citer un d'ingratitude! On se rappelle sans doute le service que j'avois rendu à Hoche, alors adjudant-sous-officier au 104ᵉ régiment; reçu lieutenant à ma recommandation, la fortune le fit arriver jusqu'au grade de général en chef; la victoire le couronna aux lignes de Weissembourg, et son nom retentit dans l'Europe étonnée; les affaires politiques le ramenèrent à Paris. Les anciens officiers du 104ᵉ allèrent le voir, entre autres, Bergeron et Ledoux, mes anciens amis; la conversation roula naturellement sur leur ancien lieutenant-colonel, sur le protecteur du général Hoche, sur la possibilité où le général en chef se trouvoit de le faire sortir de cet état de nullité si contraire à l'intérêt public, et à ma fortune particulière. La réponse de Hoche fut : *J'en suis fâché, ce jeune homme promettoit.*

La scène politique change ; Bonaparte revient d'Egypte sur les ailes de la victoire ; le bruit court qu'arrêté par les Anglais, il n'a dû son salut et sa liberté qu'à son engagement signé de rétablir les Bourbons ; ce bruit, qui s'accrédite, rallie à sa cause tout ce que la France, principalement Paris, renferme d'amis restés fidèles à l'ancienne monarchie, et d'ennemis de l'ordre existant. Le 18 brumaire a lieu ; un nouveau gouvernement s'élève, dont Bonaparte est le protecteur ou le proconsul, sous la qualification de premier Consul. Aussitôt l'alarme sonnée, je monte à cheval, et je me rends à l'état-major ; mon exaspération et ma haine contre le Directoire se prononcent avec tant de force, que le général Lefebvre s'en inquiète, et me consigne à l'état-major de la place, pendant qu'il se rend à Saint-Cloud : je n'eus donc aucune part au 18 brumaire.

Quelques amis parlèrent de moi avec intérêt et chaleur à Bonaparte, qui, dès les premiers jours, me promit de m'employer. Dans le même temps, d'autres amis firent mon éloge à Moreau, et me conduisirent chez ce général, à qui Bonaparte avoit confié le commandement de l'armée, en lui laissant le choix de ses généraux : il me demanda aussitôt au premier Consul, et avec tant d'instance, que quelques jours après celui-ci me dit : « Vous » êtes donc bien lié avec le général Moreau ? » — « J'ai eu l'honneur de le voir une fois à Chaillot, » un ami commun m'y a conduit. » — « Il vous » demande pour servir sous ses ordres : j'avois » d'autres projets sur vous, mais il faut bien que » je vous cède ; vous allez partir pour l'armée du » Rhin, tenez-vous prêt. »

En effet, je reçus mes ordres, et je rejoignis le général Moreau à Bâle. Je fus attaché aussitôt à la division du général Leclerc, beau-frère de Buonaparte. Telle étoit l'idée que l'on avoit donnée de moi au général en chef, qu'en me plaçant dans cette division, il eut la bonté de me dire : « Leclerc » n'est point fort ; je n'ai pu le refuser comme » beau-frère du premier Consul ; j'ai besoin à cette » division d'un officier qui sache son métier ; » tâchez de gagner sa confiance, et, s'il est pos- » sible, au point de le diriger ; cette division fera » partie du corps d'armée que je me destine, et » je serai toujours là pour vous seconder. » Cet aveu, dont je gardai religieusement le secret, rendit ma position d'autant plus embarrassante que, de son côté, le général Leclerc, qui n'ignoroit pas l'intérêt que le général en chef prenoit à moi, auroit bien desiré tirer parti de ma position pour savoir ce que pensoit Moreau ; ce rôle étoit indigne de mon caractère ; je me bornai donc à faire strictement mon métier, et à justifier l'accueil franc et amical que j'avois reçu de mes anciens camarades, entre autres, des généraux Richepanse, Delmas et Marchand. J'eus l'honneur d'être cité pour les affaires d'*Engen*, *Moerkirch*, *Landshut* et autres. La campagne d'été se termina par une suspension d'armes; et les villes de Philipsbourg, Ingolstadt et Ulm, dont le général en chef n'avoit pas voulu faire le siége, restèrent bloquées.

Le général Moreau, qui connoissoit ma position financière et celle de mes intérêts de famille, et dont l'âme excellente étoit toujours occupée des personnes qu'il affectionnoit, forma le projet de me confier le commandement de Francfort et de cette division, afin de me donner un relief aux yeux de mon beau-père, riche négociant de cette ville; mais a cette époque l'armée gallo-batave s'approcha du Rhin pour donner la main à l'armée du Rhin; celle-ci fut donc obligée de resserrer sa gauche, et de céder Francfort et ses dépendances à cette dernière. Ces mouvements d'armée dérangeoient les projets obligeants du général en chef à mon égard; il me le témoigna; mais en même temps, voulant essayer de tout concilier, il m'engagea à partir toujours pour Francfort, et me remit une lettre circonstanciée pour le général Augereau, qui commandoit en chef cette armée, avec invitation très-pressante de me céder, pendant l'armistice, le commandement de Francfort et de son territoire. Plein de reconnoissance, je partis chercher ma femme à Plombières, et je l'emmenai à Francfort. Arrivé à Hofstaed, quartier-général du général Augereau, je lui remis ma lettre; le général me reçut avec cette aisance, cette politesse, que l'on suppose ne pouvoir être le fruit que d'une première éducation : rien d'aimable comme sa réception; il prit le plus vif intérêt à ma position; mais il me fit sentir l'impossibilité dans laquelle il se trouvoit de se dépouiller, en faveur d'un général étranger, du plus beau et du plus lucratif commandement qui existât sur la ligne qu'occupoit son armée; et il me proposa, par arrangement, de quitter l'armée du Rhin et de passer à son armée; qu'au moyen de ce changement, il me donneroit le commandement que je desirerois, se chargeant de tout arranger et de tout concilier avec le premier Consul. J'avois été choisi par Moreau; je n'avois qu'à me louer de son amitié, et j'eusse regardé comme un acte d'ingratitude de quitter l'armée du Rhin, et de me séparer de la fortune d'un général qui n'avoit voulu que mon bonheur; en conséquence, je remerciai le général Augereau, en lui exposant franchement les motifs qui me déterminoient.

Je n'en allai pas moins passer quelques jours

à Francfort, avec ma femme, chez mon beau-père, et à un grand souper auquel je fus invité, chez M. Schouartz, allié de la famille de ma femme, il m'arriva une chose qui mérite d'être rapportée.

On a vu qu'en 1798, lorsque je commandois le camp de Blise-Castel, je refusai le trésor de madame la comtesse de La Layen, et que je contribuai à sauver le bourgmestre qui devoit être arrêté, pour être conduit au tribunal révolutionnaire. Au souper, je fus placé en face de madame de La Layen; la manière dont cette dame m'observoit me donna le desir de connoître son nom; ayant appris que c'étoit la personne à laquelle, sans la connoître, je croyois avoir rendu quelques services, après le souper, je m'empressai de lui rendre mes devoirs : « Madame la comtesse, lui » dis-je, me permet-elle de lui demander si elle » a été assez heureuse pour sauver l'argent et l'ar- » genterie qu'elle avoit fait murer dans son châ- » teau, et qu'un agent indiscret tint à ma dispo- » sition en 1793, quand je commandois le camp » de Blise-Castel? » — « J'ai su, monsieur, me ré- » pondit cette dame, que vous aviez refusé cet » argent; je ne vous en ai aucune obligation, » d'autres l'ont pris, et j'aimerois autant que vous » l'eussiez. » — « Madame la comtesse n'ignore » sûrement pas à qui son pauvre bourgmestre

» doit la vie? » — « A vous, monsieur; mais tant » pis, c'est un fripon qui servoit les deux partis; » vous eussiez aussi bien fait de le laisser pendre. » On sent quel fut mon désappointement à de pareilles réponses; il fut tel que je cessai toute conversation avec la comtesse.

Le terme de l'armistice alloit expirer : je retournai promptement au quartier-général du général Moreau, et à mon arrivée je fus placé à l'aile gauche, corps du général Grenier, division Ney.

Les Autrichiens, qui ne se sentoient pas en mesure de rouvrir la campagne, demandèrent une prolongation, et, pour l'obtenir, cédèrent *Ulm*, *Ingolstadt* et *Philipsbourg*, qui paralysoient trois divisions employées à leur blocus.

La nouvelle suspension d'armes arrêtée, Ney rentra en France, et me laissa le commandement de sa division, forte de 14,000 hommes : je ne m'occupai que des moyens de pourvoir à ses besoins. C'est pendant cet intervalle que le feu prit à une abbaye; je m'y portai en toute hâte; les secours furent si prompts que l'abbaye fut sauvée.

Le lendemain, les religieux, reconnoissants, envoyèrent une caisse cachetée et une lettre : j'adressai le tout au général en chef, qui, flatté de ma confiance et de mon désintéressement, m'ordonna d'accepter.

Les hostilités étant sur le point de reprendre, je reçus l'ordre de réunir toute la division autour de Frœsing : ce qui fut exécuté ; mais, pour ménager la ville, je ne fis entrer qu'un bataillon de grenadiers dans Frœsing pour la garde du quartier-général. La ville, qui croyoit m'avoir des obligations, pria mon aide-de-camp de partir avec des commissaires pour choisir quatre chevaux qu'elle vouloit me donner tout harnachés. Goffard m'en prévint; je lui prescrivis de les refuser en mon nom, n'ayant agi que dans un sentiment de justice, et non par un motif d'intérêt. Ce désintéressement tout naturel surprit tellement les magistrats de Frœsing, qu'ils le consignèrent sur leurs registres; leur étonnement étoit, il est vrai, justifié par l'abus qu'un officier supérieur de cavalerie, que je ne nommerai pas, avoit fait de ses pouvoirs : il s'étoit servi de mon nom pour demander à son profit une somme assez considérable, sur laquelle il y avoit déjà 6,000 fr. de payés; mon aide-de-camp, indigné, m'en avoit instruit à mon arrivée. J'envoyai chercher les magistrats; après avoir vérifié le fait, et en avoir acquis la certitude, je les fis entrer dans un cabinet d'où ils pouvoient tout entendre, et je fis dire à l'officier de se rendre auprès de moi; après de justes et vifs reproches sur sa conduite déloyale, je lui enjoignis de restituer l'argent reçu, sous peine de rendre compte de tout au général en chef, dont les ordres, à cet égard, étoient positifs; ce qui fut exécuté. J'eus encore la bonté de garder le secret sur cette circonstance: cependant le ressentiment de cet officier n'en subsista pas moins; il devint pour moi un ennemi d'autant plus dangereux, que sa famille étoit alors puissante.

La campagne d'hiver alloit s'ouvrir; l'ennemi, supérieur seulement en nombre, étoit bien loin de l'être par la nature de ses troupes; la majorité de son armée étoit des volontaires ou des recrues, levés à la hâte, et nous, nous commandions à des Français nourris dans les combats, accoutumés à vaincre, et pleins de confiance dans leurs généraux: cette différence seule étoit une garantie des plus heureux succès.

Quant à la position de l'ennemi, elle étoit superbe; l'Inn, rivière rapide, et encastrée dans une série de montagnes, le couvroit; pour la passer et l'attaquer, il auroit fallu un mouvement d'armée. L'ennemi crut ne pas devoir se borner au parti prudent de nous attendre; humilié de ses défaites et de ses pertes, fier de sa supériorité en nombre, jaloux de réparer ses affronts, il voulut se ménager le choix de la défensive ou de l'offensive. Quoiqu'il eût pris position derrière l'Inn, il crut pouvoir s'établir impunément en avant: il plaça soixante mille hommes à Amphing, devant l'Inn, et la majeure partie de son armée à Craibourg, derrière l'Inn; la communication en étoit établie par le pont de ce nom : cette confiance le perdit, comme on va le voir, puisqu'une seule bataille, celle de *Hohenlinden* décida du sort de la campagne.

Les trois corps composant l'armée française se mirent en mouvement : le corps de droite, commandé par Lecourbe, marcha sur la rive gauche de l'Inn, observant cette rivière; celui du centre suivit sur la gauche, marchant à la hauteur de celui de Lecourbe, et le général Grenier, avec le corps de gauche, devoit marcher sur Craibourg, en laissant l'Iseen à sa gauche, et servoit comme d'avant-garde au reste de l'armée. Ces trois corps, marchant en corps d'armée, ne devoient pas faire plus de trois lieues par jour : la division Ney tenoit la droite du corps d'armée de gauche; son général étoit arrivé la veille de l'ouverture de la campagne, et avoit repris le commandement de sa division. L'ardeur de ce général, l'un des plus brillants de l'armée, un jour de combat, ne put se modérer à ne faire que des marches de trois lieues; dès le premier jour, il poussa les postes autrichiens deux lieues plus loin, et le lendemain, ayant encore gagné trois lieues de plus, il se trouva à cinq lieues plus avancé que ne l'avoit prescrit le général en chef, et presque sous le camp d'Amphing. Je tenois avec ma brigade la droite de la division : je fus placé à Aschau, village au-dessus du débouché d'une gorge très-rapide et impraticable pour l'artillerie; la mienne resta en arrière du débouché. Cet emplacement servit bientôt de parc général; cinquante neuf bouches à feu, les équipages et le trésor de l'aile gauche y furent placés, sous la seule protection d'une partie de ma brigade.

Je fus obligé de me priver de près de la moitié de mes troupes pour occuper les hauteurs qui m'avoisinoient et me dominoient.

Aussitôt arrivé au débouché de la gorge, je fais bivouaquer et je pousse une reconnoissance; j'aperçois bientôt que je suis sous le camp d'Amphing, qui n'est qu'à une lieue de moi sur ma gauche : je place aussitôt cinq cents hommes d'infanterie en différents postes derrière les haies et dans les vergers en avant, et autour d'Aschau, long village au débouché de la gorge, et des postes de cavalerie lient ces postes d'infanterie; le bataillon d'infanterie qui me reste est cantonné dans le village, et la cavalerie bivouaque sur la gauche du village. Ces précautions prises, j'étois encore bien loin d'être tranquille; je me savois à cinq lieues de l'armée, presque en l'air, au débouché d'une gorge, par laquelle ma retraite seroit difficile, si j'y étois contraint : le camp d'Amphing était composé de plus de soixante mille hommes. Je fis pousser des reconnoissances jusqu'au bout du bois qui couvre le pont de Craibourg, et j'appris que la majeure partie de l'armée étoit derrière ce pont, et que le camp d'Amphing ne paroissoit établi que pour le couvrir, ou faciliter son débouché, si l'ennemi prenoit l'offensive.

J'écrivis aussitôt au général Ney pour lui faire part de ma position, et de l'impossibilité de tenir si j'étais attaqué.

Je passai la nuit dans une inquiétude cruelle : les diverses patrouilles qui rentroient m'annonçoient toutes que l'ennemi étoit tranquille dans son camp, lorsqu'à la pointe du jour, un cavalier vient m'annoncer que l'ennemi s'étoit présenté en masse, et que tous les postes étoient enlevés et forcés. Un cheval tout sellé étoit à ma porte ; à peine étois-je en selle, que mes sentinelles furent assassinés ; l'ennemi, au nombre de vingt-cinq mille hommes, dont trois mille de cavalerie, étoit parti du camp pour venir m'attaquer ; le reste s'étoit porté sur le corps de gauche, et attaquoit vivement le général Ney et les autres généraux du corps du lieutenant-général Grenier. Le camp en arrière de Craibourg traversoit le pont ; l'attaque par la cavalerie sur

Aschau avoit été très-vive; elle s'étoit faite en colonne sur le front d'une division et au galop; tous les postes renversés, l'ennemi avoit pris la droite du village, où j'avois mon logement : heureusement j'arrivai à la queue du village avant la cavalerie ennemie, et je trouvai au débouché de la gorge un escadron du 13e régiment de dragons qui étoit en reconnoissance; je reconnois combien ce hasard est précieux pour moi; puis, m'adressant au chef d'escadron, je lui intime l'ordre de ne pas bouger. Celui-ci me fait observer qu'il est de la brigade Joba, qu'il est en reconnoissance, et obligé de retourner faire son rapport; je lui représente que sa présence est un bienfait du Ciel, que lui seul peut me sauver, que je me charge de tout près de Joba; le chef d'escadron s'y refuse : alors, m'adressant à son escadron, je suspens le chef, et je remets le commandement au capitaine, avec injonction d'obéir; les larmes en vinrent aux yeux de ce brave officier, qui jura de se conformer à mes ordres, et c'est à lui et à son escadron que je me suis toujours plu à attribuer tout le succès de cette journée, une des plus extraordinaires que les annales militaires puissent présenter; et que le *Dictionnaire des Batailles* a consigné sous le nom *d'Amphing*. Mais ne précipitons point les événements :

les détails vont instruire le lecteur; il pourra juger par lui-même.

La cavalerie ennemie, qui s'avançoit en colonne par la droite du village, et qui se flattoit de tout enlever, arrivée à la hauteur de la gorge, arrêta tout court à la vue de l'escadron du 13e de dragons, ne sachant pas ce qui étoit derrière, et craignant d'être prise en flanc et en queue.

Je profitai du moment pour demander au colonel Bonardi-Saint-Sulpice, qui commandoit le 19e de cavalerie sous mes ordres, combien il restoit de cavaliers : « Cent vingt-cinq, me répond » ce colonel; l'ennemi emmène le reste. —Vite » une charge; ramenez vos cavaliers. » Ce qui eut le plus heureux succès.

Pendant ce temps, Goffard, mon aide-de-camp, vient me rendre compte que la cavalerie, maîtresse du village, emmène mon bataillon d'infanterie. M'adressant au colonel Bonardi, qui ramenoit son régiment, je lui ordonne une seconde charge jusqu'au bout du village. La cavalerie ennemie, qui se voyoit engagée avec notre infanterie, et qui, sur son flanc, avoit vu les dragons, abandonna sa proie, et retourna sur ses pas aussi vite qu'elle étoit venue. Le bataillon dégagé, il fallut s'occuper, sans perdre un instant, des cinq cents hommes de poste que l'on emmenoit sous nos yeux. Le bataillon d'infanterie est aussitôt partagé en deux petites colonnes, et, soutenu du 19ᵉ régiment, commence une charge en avant du village, presque jusqu'au bois, laquelle amène la délivrance de tous les postes; un sergent et dix-huit hommes restèrent seuls prisonniers.

Toutes mes troupes réunies, je pus recevoir l'ennemi qui, en force supérieure, s'avançoit vers moi.

C'est en cette circonstance que je reçus un aide-de-camp du général Ney, qui m'apportoit l'ordre de faire ma retraite sur lui, et de venir le joindre à Thaun. J'avois déjà envoyé un officier de correspondance dans le village pour chercher des guides, ignorant la position du village indiqué, lorsque l'aide-de-camp-colonel du général Ney arriva en toute hâte pour me dire qu'il falloit que je tinsse jusqu'à extinction, attendu que je couvrois cinquante-neuf bouches à feu, le trésor et les équipages de l'aile gauche qui tous étoient presque au débouché de la gorge. « C'est bien aisé à dire, lui répondis-je; parcourez ma ligne; voyez à quelles forces j'ai à » faire. » Et je donnai aussitôt l'ordre à mon aide-de-camp de le conduire, afin qu'il pût rendre un compte exact au général. Le colonel, ayant pris connoissance des choses, dit à Goffard : « Je

» vous souhaite bonne chance ; je vous vois perdu, » vous, votre général et vos troupes : je vais en » prévenir mon général.... » Le colonel parti, je sentis que ce que j'avois de mieux à faire étoit de me borner à couvrir la gorge ; ce que je résolus d'exécuter en défendant le terrain pied à pied. C'est dans cette circonstance que M. Paquier, alors chef de bataillon de ce régiment, officier d'une intelligence et d'une bravoure reconnues, me rendit les services les plus importans : à peine avoit-il repoussé l'ennemi d'un côté, que sur-le-champ je le renvoyois avec des troupes fraîches d'un autre côté, pour empêcher l'ennemi de trop serrer. Arrivé à la hauteur de la gorge, je formai de mon infanterie les trois côtés d'un carré de cinq cents hommes chaque. Bientôt les munitions manquèrent ; je fis prendre celles de la cavalerie, et j'envoyai le brave chirurgien-major du 19e de cavalerie chercher au parc des cartouches ; autant par zèle que par attachement, ce bon docteur ne m'avoit pas quitté une minute : avec quel plaisir je paie ici le tribut d'éloges à ce brave officier qui se multiplioit pour me rendre service ! pourquoi faut-il que son nom m'ait échappé ! avec quelle satisfaction je le consignerois ici ! Rien n'étoit vraiment plus plaisant que la défense des trois côtés de ce carré ; elle ressembloit à une scène de spectacle : au fur et à mesure qu'un côté, par son feu ou la démonstration d'une charge, avoit repoussé l'ennemi et obtenu quelques succès, la moitié des soldats couroient renforcer le côté qui étoit le plus pressé : ces mouvements successifs eurent lieu plus de dix fois. Cependant mes pertes devenoient sensibles ; il est facile d'en juger, puisqu'un valet-de-chambre que m'envoya ma femme resta près de moi au plus trois minutes, et reçut quatre balles dans son chapeau et son manteau. Un côté étoit vivement pressé, et faisoit craindre de ne pouvoir être défendu encore long-temps ; je m'aperçois que c'est un seul bataillon qui, dans la plaine, sans être soutenu par de la cavalerie, s'est ainsi avancé. J'accours à la gorge où sont les braves dragons qui, par leur contenance ferme, m'ont sauvé le matin : « Allons, mes amis, leur dis-je, voilà le moment » de couronner votre journée; un insolent ba» taillon me presse, il est dans la plaine : sans » cavalerie, il faut me l'enlever. » Ces braves gens aussitôt s'ébranlent ; il falloit passer un ravin où se pouvoient présenter seulement deux hommes ; ils le sautent au galop. Douze hommes sont à peine de l'autre coté, que les officiers font sonner la charge, à laquelle quelques-uns de mes tambours répondent ; et à peine la moitié de l'escadron avoit-elle franchi le ravin, soutenu d'une centaine de soldats d'infanterie, que le bataillon met les armes bas, et est emmené prisonnier dans le carré : c'étoit le bataillon du prince Charles (cinq cent quarante hommes et vingt-deux officiers). « Général, vous pouvez vous vanter, me » dirent les officiers de ce bataillon, d'avoir pris » des soldats qui n'ont jamais été battus. — Vous » ne faites pas l'éloge de mes camarades, ré- » pondis-je, car vous voyez en quoi consistent » mes forces, et avec combien peu de monde je » vous ai pris. — Comment! voilà toutes vos trou- » pes? — Pas davantage. » Sur cela, ces messieurs firent mine de vouloir se révolter. « Ne plai- » santez pas, leur dis-je; si vous faites la moindre » résistance, je vous fais passer au fil des baïon- » nettes. » Ensuite, détachant seulement vingt-cinq hommes, dont je donnai le commandement à mon officier d'ordonnance de ce régiment (M. Dekre), je les fis conduire au quartier du général en chef, avec ordre de fusiller le premier qui bougeroit.

La prise de ce bataillon imposa un peu à l'ennemi, qui ralentit quelque temps son attaque, sans pourtant l'interrompre : aussi falloit-il aller sans cesse aux caissons chercher des cartouches; et c'est en revenant d'un dernier voyage, après sept heures de résistance devant des forces si supérieures, que le brave chirurgien-major vint me dire que le général Moreau étoit arrivé avec deux divisions, qu'il étoit en position au débouché de la gorge, et qu'il m'envoyoit l'ordre de la repasser et de me reployer. Ce mouvement n'étoit pas des plus faciles, tant j'étois pressé, et je prévoyois bien qu'aussitôt que j'aurois fait demi-tour, l'ennemi tomberoit vivement sur moi; aussi ma première pensée fut-elle de l'arrêter avant tout; et pour y parvenir, j'envoyai mon brave chirurgien-major prévenir l'officier qui commandoit mon artillerie de se mettre en position pour soutenir ma retraite, et arrêter l'ennemi dès qu'il se montreroit sur la hauteur. Aussitôt que je fus averti que mon artillerie étoit en mesure, je donnai l'ordre à ma cavalerie de descendre la première, et de se placer en arrière des pièces; ensuite l'infanterie fit son demi-tour, et prit la course jusqu'au ravin, avec ordre de se rallier aux pièces. Quand l'ennemi se montra sur les hauteurs, l'artillerie arrêta son impétuosité, et permit à des troupes harassées de fatigue et couvertes de gloire de rejoindre tranquillement le poste que leur général leur avoit assigné.

C'est lorsque je me montrai sur la hauteur du côté où étoit le général Moreau avec vingt officiers généraux, que j'éprouvai une de ces jouissances plus faciles à apprécier qu'à exprimer. *Le voilà, le voilà!* dit le général Moreau en claquant des mains; et les officiers-généraux de joindre leurs applaudissements à ceux du général en chef. M. le général Dessolles, et ceux qui furent présents et qui vivent encore, peuvent attester la vérité de cette réception bien honorable de la part de mes camarades, et d'un général comme *Moreau*.

Pendant que les troupes se rangeoient, à mesure qu'elles arrivoient, à la hauteur de leur artillerie, suivant les ordres qu'elles en avoient reçus, je me rendis auprès du général en chef, qui me prodigua les éloges les plus flatteurs. Il me dit : « Si je » n'étois brouillé avec le premier Consul, vous » auriez le sabre d'honneur et le grade de général » de division sur le champ de bataille pour votre » journée. » C'est alors que j'annonçai à Moreau que j'avois fait prisonnier le bataillon d'infanterie légère du prince Charles, cinq cent quarante hommes et vingt-deux officiers. Ce général me répondit : « Vous exagérez, mon cher Desperrières, votre journée est déjà assez belle ; ne » vous vantez pas d'une chose qui ne peut être. » — « J'aurai l'honneur, mon général, de vous » en convaincre ce soir ; je vous demande la permission de vous faire présenter ce bataillon prisonnier à votre rentrée. » Ce qui eut lieu en effet.

Mourant de faim, j'avois rejoint mes troupes, et j'étois occupé à réparer mes forces, lorsque mon aide-de-camp vint me dire que le général en chef me demandoit; je me rendis auprès de lui. « Général, me dit-il, nous allons battre en » retraite; après votre conduite, c'est à vous et à » vos troupes qu'appartient l'honneur de la fer- » mer : faites vos dispositions en conséquence. »

C'est ainsi que ce digne général reconnut ma conduite, et m'en offrit la récompense.

Dans la retraite, je me trouvai quelque temps avec le général Moreau, qui déjà, dans son génie, avoit conçu le projet de faire repentir l'ennemi de la faute qu'il avoit faite de quitter la défense de l'Inn, pour prendre l'offensive; car il me dit : « Vous arrêterez l'ennemi à la hauteur de Haag, » c'est là qu'est réunie l'armée; dans trois jours, » je lui ferai payer bien cher cette journée. » En effet, l'affaire d'Hohenlinden eut lieu le troisième jour.

Malgré la gloire que la bataille d'Hohenlinden reversa sur l'armée, quel est l'officier-général ou autre qui oseroit se targuer d'avoir gagné la bataille? Tous ont fait leur devoir d'une manière brillante, telle qu'on avoit lieu de l'attendre d'une armée aussi bien composée; mais le plan, les résultats, suites positives et infaillibles des combinaisons, appartiennent toutes à Moreau, au général en chef seul : j'en appelle, à cet égard, au témoignage des officiers-généraux; il n'en est pas un, employé à cette bataille, qui, la veille, à deux heures et demie du matin, ne connût le plan, et quelle devoit en être la suite.

Le lecteur curieux ne verra peut-être pas avec indifférence le développement succinct et exact de cette grande conception militaire : c'est pourquoi, écrivant autant pour l'histoire que pour ce qui m'est personnel, je vais en présenter ici ce qui est à ma connoissance.

L'ennemi, enhardi par ses succès du 7 frimaire (30 novembre 1800), se crut autorisé à prendre l'offensive, et Moreau le confirma dans cette idée en reculant jusqu'à Haag : le premier poussa même ses prétentions jusqu'à croire qu'il pourroit forcer notre ligne; car deux jours de suite il attaqua, même de nuit, mais inutilement, mes postes, qui couvroient Haag à la gauche du chemin; pendant cet intervalle, qui fut de trois jours, le général Moreau concentra ses troupes, avec l'intention bien annoncée et bien formelle de prendre, le 10 (3 décembre), l'offensive; et pour le faire avec plus de succès, il ordonna aux généraux Decaen et Richepanse de filer avec leur division le long de l'Inn, et d'arriver par Matempot et Saint-Christophe, à trois lieues, sur les derrières de l'ennemi, d'y être rendus à onze heures, et d'attaquer sans délai l'ennemi, lequel s'étoit engagé dans un bois de trois lieues de profondeur, sans avoir pu en déboucher; et il confia au général Ney le soin de l'arrêter à la sortie du bois ; celui-ci se plaça, de sa personne, avec son chef d'état-major Ruffin, au village d'Hohenlinden, et un seul bataillon de la 15e, se bornant à échelonner ses troupes en arrière de lui.

Toute l'armée ennemie crut facilement pouvoir traverser et sortir du bois : le corps des Bavarois tenoit la tête de cette armée, et plus de cent bouches à feu le suivoient.

Le général Ney, avec son intrépidité reconnue, l'arrêta. Le général Moreau, qui étoit venu juger par lui-même du peu de progrès de l'armée ennemie, resta un moment à l'endroit où j'étois en position; et, sur la demande que je lui fis si nous attaquerions bientôt, il tira sa montre, et me dit : « Dans un quart-d'heure; à onze « heures, Richepanse et Decaen doivent être en « mesure : leur canon nous préviendra. » En effet, dix minutes après, on l'entendit. Aussitôt le reste de l'armée s'ébranla au pas de charge sur toute la ligne, en demi-bataillon par colonne. L'ennemi, interdit de voir ses derrières attaqués, lorsqu'il l'étoit vivement en tête, ne tarda pas à déposer les armes, et tout ce qui étoit dans le bois de trois lieues de profondeur, fut fait prisonnier, c'est-à-dire près de douze mille Bavarois avec cent bouches à feu.

La nuit arrêta nos succès; le lendemain et

jours suivants, Richepanse, dont la division fut augmentée, fut chargé d'en recueillir les fruits : en effet, pendant quinze jours, serrant l'ennemi de près, il ne cessa de prendre des corps entiers, des équipages et des canons. L'armée ennemie, dont la destruction fut l'affaire d'une seule bataille, demanda la paix avec instance, convenant qu'elle n'avoit plus que dix-huit mille hommes pour couvrir Vienne.

Tel fut le résultat de cette mémorable journée, fruit de la conception du général en chef, laquelle, sans une perte bien sensible pour l'armée française, puisqu'elle ne nous a pas coûté douze cents hommes, a décidé du sort de l'armée ennemie.

La paix réglée, les troupes rentrèrent en France sur trois colonnes, et je fus choisi par le général en chef pour opérer la rentrée et la répartition de celles qui étoient dirigées par Manheim.

Arrivé à Paris, j'allai aux Tuileries me présenter au premier Consul. Buonaparte, qui me connoissoit à peine, me demanda mon nom, et me dit ensuite : « Vous venez de faire une belle » campagne, et votre conduite particulière a été » surtout remarquée du gouvernement ».

D'après cette déclaration, je me croyois autorisé à espérer que je serois bientôt placé : cependant, l'année 1801 écoulée, je fus mis à l'écart et à demi-solde. Etonné d'une pareille disgrâce, je me rendis à l'audience du premier Consul, et lui demandai si le gouvernement avoit à se plaindre de moi? — « Pas, que je sache; pour- » quoi me faites-vous cette question? — C'est » que je ne suis point employé. — L'avez-vous » demandé? — Non, mon général; je pensois » que mes services parloient pour moi. — L'in- » tention du gouvernement est de n'employer que » ceux qui le demandent, et vous aurez de l'em- » ploi quand et comme vous voudrez. — En ce » cas, général, je prends acte de votre déclara- » tion, et j'en demande dès ce moment. — C'est » bon, vous en aurez. »

Quelques jours après, ayant dîné aux Tuileries, Buonaparte m'invita à venir à la cheminée prendre mon café auprès de lui; alors le premier Consul me dit : « Vous avez desiré prendre du » service; j'ai besoin d'un officier-général ferme » au Jura; partez pour Lons-le-Saulnier, vous » allez recevoir vos ordres. — Mais, premier Con- » sul, vous préparez une opération contre l'An- » gleterre; j'avois espéré que vous voudriez bien » m'y employer, que je pourrois servir sous vos » ordres, et me faire remarquer de vous. — » Vous me serez plus essentiel au Jura : l'officier- » général qui y étoit vient d'y être vexé, j'ai été

» obligé de le changer. Partez ; l'ordre rétabli, » je vous rappelle auprès de moi; vous n'y res- » terez pas plus de trois ou quatre mois. »

Sur cette assurance, je partis, et je restai au Jura trois ans et demi.

Mais avant de partir, et pendant le séjour que je fis à Paris, je retrouvai mon frère aîné, dont les circonstances de la révolution m'avoient éloigné depuis bien long-temps. Il y étoit pour suivre la liquidation d'un service de transport qu'il avoit fait en chef aux armées de Rhin et Moselle; il s'étoit chargé de ce double service pendant l'an 4, à la sollicitation de ses amis, qui lui avoient prêté des fonds, autant pour se soustraire à des persécutions, que dans l'espoir de rétablir sa fortune perdue à Saint-Domingue; malheureusement il laissa 18,000,000 assignats en caisse, plutôt que de couvrir ses déboursés, préférant avoir à réclamer que d'être soupçonné de s'être payé par ses mains. Au bout de plusieurs années, sa liquidation venoit enfin d'être terminée et réglée par la commission intermédiaire, la seule établie par la loi, le 24 fructidor an 9, à la somme de 3,816,512 liv. 13 s. 1 den. en capital numéraire (1), l'insertion suspendue le 27 fructidor suivant (2), et enfin la quotité fut déterminée et

(1) Voir aux notes le n° 1.

(2) *Idem* le n° 2.

réduite par le nouveau mode, le 9 vendémiaire an 10, à la somme de 3,164,000 liv. (1), et le 11 vendémiaire à 158,200 liv. 19 s. de rentes (2), et portée sur l'état sous le n° 4975 du 160e état décadaire. M. Gaudin, ministre des finances, alors effrayé de la quotité de cette créance, la bâtonna du tableau et l'ajourna.

Mon frère, qui non-seulement se voyoit ruiné, mais ruinoit tous ses amis, désespéré, vint me trouver; je courus chez le ministre, et j'obtins de sa justice que lui-même reverroit cette liquidation faite avec tant de soin à la commission intermédiaire. En effet, dès le lendemain, la commission reçut l'ordre d'envoyer les pièces au ministère, et un premier commis fut chargé, dans le cabinet même du ministre, de revérifier cette liquidation. Au bout de quinze jours, ce travail, refait sous les yeux du ministre, inspecté par lui-même, se trouva tellement correct, que le ministre écrivit à la commission (3) pour approuver sa liquidation.

On croiroit peut-être qu'après une pareille lettre mon frère dût enfin recevoir le montant d'une liquidation, au sort de laquelle étoient attachées la fortune, l'existence même du réclamant et des

(1) Voir aux notes le n° 3.

(2) *Idem* le n° 4.

(3) *Idem* le n° 5.

amis généreux qui l'avoient aidé : non ; ce seroit une erreur : le malheureux devoit être victime de la spoliation la plus atroce : sa liquidation, renvoyée au Conseil d'Etat pour l'inscription, ce qui n'étoit qu'une mesure de forme, y fut arrêtée, sous le prétexte d'un nouveau mode de paiement. Alors M. de Fermont fut nommé liquidateur-général, à l'effet de régler les créances à liquider. Mon frère étoit liquidé, vérifié par le ministre des finances lui-même; il n'avoit rien et ne pouvoit rien avoir à démêler avec M. de Fermont, qui n'étoit institué que pour les créances dont la liquidation étoit à faire : il fut cependant remis en vérification, au mépris de toute considération, de toute justice. Une première vérification faite au bout de six mois, elle fut trouvée juste, et par conséquent brisée ; une seconde eut le même sort, une troisième pareillement. Enfin, parut le prétendu décret de Buonaparte, non inséré au *Bulletin des Lois*, mais secret, confidentiel pour les fonctionnaires seuls de la comptabilité, lequel mettoit à l'arriéré toutes les créances qui restoient à liquider, et n'avoient pu être comprises dans le petit nombre de celles liquidées par M. de Fermont. Mais la créance de mon frère n'étoit point dans la catégorie de celles qui devoient occuper M. de Fermont, puisqu'elle avoit été liquidée par une commission créée par une loi ; que, de plus, elle avoit sur toutes les autres l'avantage précieux d'avoir été examinée en détail, et vérifiée par le ministre des finances lui-même, chef suprême de M. de Fermont; elle n'en subit pas moins la loi de l'épouvantable décret *tacite* de Buonaparte, et fut marquée du sceau de proscription : *créance périmée.*

C'est ainsi qu'alors on rendoit la justice.

J'étois à Lons-le-Saulnier, quand j'appris par mon neveu que mon frère, ruiné et au désespoir, avoit été cacher sa douleur en Belgique, où il vivoit malheureux. Mon premier soin fut de rappeler près de moi ce frère tant aimé, et de lui prodiguer tous les secours et les soins de la plus tendre amitié. Je ne pus adoucir que ses derniers moments : au bout d'un an et demi, ce malheureux frère mourut de chagrin, de désespoir, dans mes bras, en me laissant pour héritage sa femme et ses enfants. M. de Fermont l'a tué!

Je desire vivement que M. de Fermont, l'avocat titré, gorgé d'une brillante fortune, n'éprouve jamais le remords du mal qu'il a fait à ma famille et à bien d'autres qu'il a ruinées....

C'est pendant que j'étois à Lons-le-Saulnier que Buonaparte, qui sembloit m'oublier, lors de la formation de la Légion-d'Honneur, me nomma légionnaire, et, dès le premier conseil d'administration de l'ordre, quand on créa les dignitaires et les officiers, me fit un des deux cent seize commandeurs. Cette faveur particulière sembloit me présager un avenir plus actif, et me faire espérer que je serois incessamment appelé au champ de la gloire; le sort en disposa autrement, comme on va le voir.

Depuis long-temps je sollicitois un congé pour venir à Paris réclamer contre l'inutilité à laquelle je semblois condamné, lorsque je fus désigné pour aller à Besançon prendre, par *intérim*, le commandement de la division en l'absence du général Ménard, appelé au couronnement; obligé de demeurer dans une auberge, cette mission fut pour moi l'occasion d'une grande dépense, pour laquelle je ne reçus aucune indemnité.

Rentré à Lons-le-Saulnier, toujours occupé de mon métier, j'entrepris de résumer en système mes observations sur l'ordonnance du 1er août 1791, augmentées de manœuvres nouvelles basées sur les principes de l'ordonnance, et dont j'avois fait avec tant de succès l'application au 104e régiment, au 49e (Vintimille), et aux divers corps qui avoient été sous mes ordres: déjà les deux premières parties de cet ouvrage, orné de douze planches, étoient presque terminées, quand je fus rappelé à Paris.

Le procès de Moreau, qui indigna une partie de la France sans la surprendre, révolta tous ceux que l'ambition ou des intérêts particuliers n'attachoient point au char de Napoléon; les compagnons de gloire de cet infortuné général ne furent pas les derniers à manifester leurs sentiments; le général Lecourbe parla et provoqua Murat : il fut envoyé en surveillance au Jura. Aussitôt arrivé, il vint me voir; je l'accueillis comme un ancien camarade. Lecourbe en fut tellement touché, qu'il m'engagea à ne point le voir, à dissimuler même l'intérêt que je lui portois, m'objectant que ce seroit me perdre gratuitement. Nul sentiment de crainte ne pouvoit m'arrêter; je le plaignis; je l'invitai chez moi à un dîner où se trouvoient réunies toutes les autorités, et j'en acceptai un pareil à Ruffey, campagne de ce général. Mon caractère franc ne pouvoit manquer de m'attirer des ennemis; quelle belle occasion pour eux! Je fus dénoncé, suspendu de mes fonctions, et je partis pour Paris.

A peine arrivé, mon premier soin fut d'achever mon ouvrage, et d'en faire hommage à Buonaparte, alors empereur, dans l'espoir seul de me faire connoître, et de justifier la demande que je n'avois cessé de faire d'un service actif. Je me rendis en conséquence à Saint-Cloud, mon ouvrage sous le bras (un volume déposé aujourd'hui au dépôt de la guerre). Connoissant peu l'étiquette des cours, j'eus une scène assez piquante, dont le détail ne sera peut-être pas sans intérêt pour le lecteur. Un chambellan se présenta en me demandant ce que je tenois sous mon bras : — « Vous le voyez, c'est un manus-» crit : — De qui? — De moi.. — Est-ce pour » présenter à l'Empereur? — Que vous im-» porte? — C'est qu'il est des formalités à » remplir. L'avez-vous fait? — J'ignore vos for-» malités. — En ce cas, vous ne pouvez pré-» senter votre ouvrage. — Vous le croyez? per-» mettez-moi une question : ai-je le droit d'être » ici? (J'étois en grand uniforme.) — Nul » doute. — M'est-il permis d'avoir un livre sous » le bras? — Je n'y vois point d'inconvénients. » — En ce cas, le reste me regarde. » M. le chambellan alors voulut bien me laisser en repos. Mais l'Empereur, qui sûrement étoit prévenu qu'un original vouloit lui présenter un ouvrage, forma de suite le projet de le faire repentir de son audace, d'oser enfreindre l'étiquette sacrée du palais impérial; car, lorsqu'il me vit, il me demanda : « Quel est ce livre? — C'est un ouvrage » sur la tactique, contenant les deux premières » parties d'un commentaire sur l'ordonnance de » 1791, et un supplément aux manœuvres. — » Ah! vous faites des ouvrages sur les manœu-» vres; savez-vous seulement faire manœuvrer

» un bataillon ? — L'Empereur seul peut se per-
» mettre de me faire une pareille question ;
» Si V. M. daigne jeter les yeux sur mon tra-
» vail, elle sera à même d'en juger le mérite. »
Cette réponse, faite d'un ton qui annonçoit un homme vivement blessé, produisit un effet utile ; l'Empereur prit l'ouvrage, et, d'un ton beaucoup plus honnête, dit : « Donnez, je l'examinerai. »

J'attendois tout de mon ouvrage ; plusieurs militaires instruits que j'avois consultés, m'en avoient fait compliment : la seconde partie (école de peloton) étoit suffisante pour développer toute la base de mon système. Je me mis donc à la piste pour connoître l'effet qu'il avoit produit sur le chef du gouvernement, militaire lui-même, et dont les succès attestoient les talents. En ce moment, le comte de Ponté, chambellan de confiance, étoit de service ; j'étois aimé de lui ; il me promit de prendre les renseignements les plus exacts. Le dimanche suivant, pendant que Buonaparte étoit à la messe, Ponté m'appela dans l'embrasure d'une croisée, et me dit : « J'ai
» de bonnes nouvelles à vous apprendre ; Méne-
» val a surpris l'Empereur plusieurs fois, chaque
» jour de cette semaine, le nez dans votre ou-
» vrage ; et ce matin, en le lui remettant : —
» *Vous voyez, a-t-il dit, cet ouvrage, serrez-le,*
» *non dans ma bibliothèque, ni dans celle du*

» *gouvernement, mais dans mes archives particulières, que vous puissiez me le rendre aussitôt que je le demanderai; c'est l'ouvrage le plus étonnant que l'on m'ait donné depuis que je suis à la tête du gouvernement.* » Méneval ajouta : « Vous connoissez le général Desperrières, vous vous intéressez à lui; voyez-le, et dites-lui cela de ma part. » On conçoit aisément la joie d'un auteur en pareil cas, surtout après la réception que j'avois eue : je me voyois rentré en grâce, et par un moyen qui ne pouvoit qu'ajouter à ma réputation; je ne doutois pas, ainsi que me l'avoit dit le comte de Ponté, que l'Empereur ne m'adressât quelque chose d'obligeant, ne fût-ce que pour me dédommager du compliment peu mérité qu'il m'avoit fait lors de la présentation de mon ouvrage; effectivement, en sortant de la messe, je le vis promener ses yeux dans la galerie, et les fixer sur moi; ce qui me parut d'un augure favorable; mais, à ma grande surprise, il avoit remarqué que je faisois des efforts pour me trouver à sa rencontre; il passa près de moi, sans me dire un mot.

Quelques semaines se passèrent ainsi, au bout desquelles je me décidai à parler de mon ouvrage à l'Empereur, et à lui demander un bataillon d'essai pour lui montrer mes manœuvres; j'en obtins la promesse : enchanté, j'en fis part aussitôt à Lauriston, mon ancien camarade et mon ami ; mais plus versé que moi dans la politique des cours, il me détrompa, et me prédit que : « *malgré » la réponse, les ordres de l'Empereur, et peut- » être son desir, je n'aurois point de troupes, « et que je ne manœuvrerois pas.* » Je ne pus m'empêcher de manifester ma surprise à Lauriston, et de lui demander le motif d'une pareille assertion : « Tu ne manœuvreras pas, me dit-il, » parce que tu es de l'armée du Rhin ; que les » généraux de l'armée d'Italie sont les seuls en » crédit, et qu'ils ne souffriront pas qu'un gé- » néral de l'armée du Rhin veuille prouver qu'il » en sait plus qu'eux. »

La prédiction ne se confirma que trop : malgré la promesse de Buonaparte, je ne pus obtenir de troupes, et toutes les fois qu'il m'arriva d'en parler, je fus évincé.

Cependant l'Empereur, tout en me tenant à la demi-activité, sembloit me marquer une prédilection particulière : souvent, les dimanches, j'étois invité à dîner aux Tuileries ; lors des fêtes, pendant les voyages, je recevois également des invitations. J'en parlai à Lauriston, desirant savoir si elles étoient le résultat de son amitié particulière, ou de la bienveillance de Buonaparte : « Je ne t'ai jamais invité, me répondit-il, que » par ordre ; malgré ses occupations, l'Empereur

» seul fait ses listes. » Un événement assez singulier mit tout à coup fin à cette préférence marquée; voulant être vrai en tout point, j'en dois ici le détail.

Dégoûté des démarches inutiles que je faisois pour être employé, je crus pouvoir me dispenser de répondre à quelques-unes des invitations qui m'étoient adressées, et j'en avois mis plusieurs de côté, quand l'Empereur ordonna un voyage de Fontainebleau, et des fêtes pour la réception d'un auguste personnage que l'on y attendoit; le bruit courut que c'étoit le prince Charles. Je reçus mon invitation pour les fêtes, qui devoient durer plusieurs jours; pour éviter des dépenses qui outre-passoient mes moyens, je crus devoir m'en abstenir. Le temps fut très-mauvais, et les trois-quarts des invités firent comme moi, ce qui occasionna un vide marquant. Les invitations étoient comptées; l'Empereur se fit présenter la liste des absents, et, instruit que déjà souvent je m'étois dispensé de répondre aux invitations, il donna l'ordre à M. de Ségur de ne plus m'en adresser. Un mois se passa ainsi; et, surpris de ne plus être invité à aucune fête, je me rendis, pour en connoître les motifs, chez M. le comte de Ségur, grand-maître des cérémonies, qui n'hésita pas à me les apprendre.

Je saisis avec empressement cette circonstance

pour démentir *publiquement* une assertion que la malveillance et la calomnie se sont plu à répandre, et qui ne s'est que trop accréditée : on a dit que ce qui avoit été cause des persécutions que j'ai éprouvées, et de l'animardversion de l'Empereur à mon égard, étoit *que, m'ayant donné* 300,000 *fr. pour payer mes dettes, je les avois perdus dans une nuit*. Le fait est de toute fausseté, et j'atteste, *sur mon honneur*, n'avoir jamais reçu, soit en gratification, soit en indemnité, soit en présents, la moindre somme de l'Empereur, et tout ce qu'à cet égard on a pu débiter ou dire, est mensonge et pure calomnie. M. le marquis de Lauriston pourroit, au besoin, attester le fait; car, en 1814, lors de la première restauration, il me dit un jour chez lui, rue Bergère : « Qu'avois-tu donc fait » à l'Empereur? Tu sais que souvent je t'ai in- » vité par son ordre; sortant de causer avec toi, » quand il rentroit dans son cabinet, nous l'a- » vons plusieurs fois surpris trépignant et fu- » rieux; je lui en demandois la cause : — C'est » ce b... de Desperrières, répondoit-il; je don- » nerois des millions pour l'avoir; mais jamais il » ne pourra m'aimer. » Je ne cite ce trait que comme historien, laissant au lecteur à en tirer les conséquences.

Revenons aux événements. La campagne qui décida alors du sort de la Prusse, alloit s'ouvrir;

Buonaparte m'annonça que j'allois recevoir ses ordres, et me dit de me tenir prêt à partir : mais un différend que j'eus avec M. de Caulincourt, et qui sûrement fut dénaturé aux yeux de l'Empereur, changea encore ses bonnes dispositions à mon égard. Le rapport, demandé par urgence à la guerre, le rapport favorable resta sans décision. Me croyant autorisé des ordres verbaux de Buonaparte, je me mis en mesure pour le suivre. J'empruntai des fonds, et je rejoignis l'armée, qui déjà étoit à Berlin. A mon arrivée, je me présentai à Berthier, qui, le jour même, me signifia l'ordre de repartir sous vingt-quatre heures, l'Empereur trouvant mauvais que j'eusse quitté la France sans permission.

Honteux, désespéré, humilié, dégoûté de mon état, je passai en Hollande, et sollicitai du roi Louis l'avantage de me fixer dans ce pays, et d'y former un établissement de commerce dont je démontrai l'avantage pour la Hollande. Déjà mes essais étoient présentés, mes propositions acceptées ; déjà des secours alloient m'être accordés par le Roi, lorsque Buonaparte, qui crut voir dans cette démarche une violation de son autorité, ordonna à son frère de me renvoyer en France. Le roi Louis, m'annonçant cette nouvelle, chercha à en adoucir l'amertume par la démonstration d'un intérêt marqué : il fit plus ; il me fit remettre l'argent nécessaire à mon retour. Rentré à Paris, ma vie ne devint plus qu'une série de dégoûts et de persécutions.

Cependant l'Empereur conservoit quelques velléités de m'employer; mais il vouloit connoître mes sentiments les plus secrets à son égard : pour y parvenir, avec un homme d'un caractère aussi franc, aussi communicatif que le mien, il suffisoit d'introduire près de moi quelques-uns de ces hommes sans pudeur, sans honneur, à qui tous les métiers sont bons, prêts à sacrifier pour un peu d'or leur réputation et même leur conscience : vrais fléaux de la société, que les gouvernements se croient, à tort, obligés d'employer pour leur sûreté, et auxquels ils prodiguent les richesses, tout en les couvrant de mépris : plusieurs de ces hommes vils m'assiégèrent bientôt. Je me méfiai de quelques-uns ; et Napoléon fut apparemment peu satisfait de leurs rapports; car on crut devoir confier le soin de m'*éclairer* à un de mes anciens amis, dont, par pitié, je tairai le nom ; nos familles autrefois s'étoient connues, et depuis la révolution nous nous étions souvent retrouvés ; j'avois été assez heureux, quelques années auparavant, pour lui prêter quelque argent qu'il n'avoit pu ou voulu me rendre. Un jour, après l'avoir perdu de vue depuis long-temps, je le vois arriver chez moi, les poches pleines d'or ;

il proteste de sa reconnoissance, de son amitié, me paie, et m'offre de l'argent; la liaison se rétablit, et souvent on nous vit ensemble. Pour gagner plus sûrement ma confiance, il m'annonce qu'il est immiscé dans des secrets importants, que bientôt nos Princes doivent revenir, qu'il en est sûr, et mystérieusement me donne quelques détails. Cependant il faisoit souvent des voyages, soi-disant par ordre du ministre de la guerre, près duquel il n'avoit aucun caractère reconnu; quelques amis me dirent l'avoir rencontré dans des maisons particulières, paré de plusieurs croix, tenant des propos que son caractère seul d'espion pouvoit excuser ou autoriser; moi-même je le rencontrai ainsi décoré, et je remarquai son embarras: alors de violents soupçons vinrent tellement troubler mon âme, que je crus devoir m'en expliquer franchement: dès ce moment, ma perte fut jurée; quelques jours après, les sbires de la police entourèrent ma maison, et vinrent dès la pointe du jour pour m'arrêter. Ce ne fut que par miracle et par la présence d'esprit de ma belle-sœur que je pus échapper; mais mon arrestation n'étoit que différée, et c'est à cet honnête individu, à celui qui, sous le masque de l'amitié, avoit eu l'infamie de me dénoncer, qu'appartenoit le triste honneur de me faire prendre. C'étoit le jour des Rois de 1813, trois jours après que j'eus échappé à la visite de l'inquisition impériale, que le hasard me fit rencontrer ce faux ami chez un restaurateur : il dînoit seul dans un cabinet; il me demanda la permission de faire les Rois avec ma famille. Malgré tout ce que j'avois vu, tous les avertissements que j'avois reçus, je ne pouvois me faire à l'idée de soupçonner une si grande noirceur : non-seulement je consentis à sa demande, mais je lui racontai même la visite singulière que j'avois reçue, et dont j'ignorois absolument le motif. Ce bon ami, pour qui cet aveu fut un trait de lumière, conçut aussitôt le projet de couronner son ouvrage, et, sous prétexte de passer la journée ensemble, il s'informa de ce que nous ferions le soir. Le lui ayant dit, et le dîner fini, il nous quitta, promettant de revenir bientôt. Il courut prévenir la préfecture de police de sa découverte, et à huit heures et demie du soir je fus arrêté devant ce tendre ami, qui bassement jouissoit de son ouvrage et du désespoir de ma belle-sœur.

Conduit à la préfecture de police, j'y passai la nuit; ma famille veilloit dans les cours, craignant ma translation à Vincennes, d'où le bruit couroit qu'on ne revenoit plus. Je dois à la vérité de déclarer que M. de Laborde, adjudant de la place de Paris, m'a rendu les plus grands services en cette circonstance : il ne craignit point d'accompagner ma sœur, de se porter ma caution, et c'est à lui que je dois d'avoir vu abréger ma détention.

Le lendemain, mes papiers visités, je fus interrogé et mis en liberté, sous la condition particulière de voir M. le préfet de police avant de sortir. M. Pasquier étoit l'ancien camarade de mon enfance. (1) Je m'empressai de me rendre chez lui : la reconnoissance se fit, elle devint même touchante; pendant notre entretien, je me hasardai à lui dire : « Je suis sûr que c'est M...... qui m'a dénoncé. » Le préfet, étonné, mais lié par les devoirs de sa place, ne put convenir du fait; mais son embarras confirma mes doutes, et d'un air interdit : « Quoi! vous connoissiez cet » homme? me dit-il, vous étiez lié avec lui? » J'entrai alors dans tous les détails de notre liaison. « Ne le voyez plus, ajouta, M. Pasquier, » et croyez-moi, rompez tout commerce avec » lui; au reste, l'Empereur exige que vous quit» tiez Paris, et que vous vous rendiez en exil. » Toute observation fut inutile. J'écrivis aussitôt à mon ancien ami, M. de Lauriston, qui s'employa avec chaleur pour moi, me réclama près de l'Empereur même; mais il n'y eut aucun moyen de faire changer la décision : ce qu'il

(1) Nos deux précepteurs étoient fort liés : M. Pasquier s'en ressouvient très-bien.

put obtenir de plus favorable, c'est que je n'irois pas plus loin que Rouen, que je partirois sans délai, et que j'y serois sous la surveillance des autorités. Il fallut se résoudre et obéir.

Arrivé à Rouen, je me présentai à M. le comte de Girardin, préfet, à M. Galiazini, commissaire général de police, dont je n'eus que lieu de me louer : le dernier surtout s'intéressa vivement à mes malheurs, et fit tout ce qui dépendoit de lui pour adoucir ma position. C'est dans la retraite et dans le travail que je cherchai ma consolation. La leçon que je venois de recevoir me fit une loi impérative de ne me lier avec personne; je me livrai entièrement à l'éducation de mon neveu, et au développement de la troisième partie de mon ouvrage (l'école de bataillon). Tranquille dans ma retraite, je croyois avoir rempli toutes les formalités, lorsque, au bout de quelques jours, je reçus une invitation de M. Liquet, secrétaire de la municipalité de Rouen, à l'effet de passer à son bureau. Pour le coup, on me crut perdu à mon auberge, tant ce secrétaire imprimoit de terreur! Fort de ma conscience, je suivis l'alguazil qui étoit venu me chercher; arrivé, on me fit attendre une demi-heure; enfin, je fus introduit. La conversation devenoit embarrassante; M. Liquet n'avoit point de caractère ostensible; toutes ses instructions partoient de la haute-police, et étoient secrètes. Cependant, instruit des ménagements que je devois garder, je mis tous mes soins à le capter : sans foiblesse, je montrai beaucoup de confiance ; adroitement je rappelai mes services aux armées; je parlai avec respect de l'Empereur; je me plaignis des préventions dont j'étois depuis long-temps la victime, et j'annonçai le genre de vie auquel je comptois me livrer pendant mon exil; enfin, je fis tant, que je conquis l'homme qui, sous des fonctions peu apparentes, faisoit trembler toute l'ancienne Normandie. Mon triomphe, à cet égard, fut tellement complet, qu'il n'est pas de marque d'intérêt et d'amitié que je n'en aie reçu : non-seulement il m'invitoit souvent à dîner, mais, au printemps, sachant que je cherchois une maison de campagne pour passer les deux saisons avec ma belle-sœur, qui étoit venue partager mes ennuis et rejoindre son fils, il me força d'accepter la sienne toute meublée, à quatre mares (une lieue) de Rouen, sans vouloir souffrir que je lui en payasse la moindre rétribution : il fit plus : un créancier de mauvaise humeur étant venu, au mépris de mes malheurs, me poursuivre jusqu'au fond de ma retraite, il se jeta à la traverse, et arrangea cette affaire. Enfin, il n'est point de services que je n'aie reçu de M. Liquet : c'est encore à lui que je dois la connoissance d'une famille charmante qui a été pour moi, pendant le temps de mon exil, une seconde Providence (la famille Veillot). Quand il me força d'accepter sa campagne, ce fut lui qui m'engagea, pour me distraire, à me lier avec cette famille dont j'ai eu tant à me louer, et à l'amitié de laquelle je paie en ce moment un bien foible tribut de reconnoissance.

C'est à Rouen, c'est pendant mon exil, que je fis et terminai la troisième partie de l'ouvrage dont j'avois déjà donné les deux premières parties à l'Empereur (toute l'école de bataillon), quatre cents pages de texte et trente-huit planches; plus tard on verra ce que devint cet ouvrage.

En[illegible] le sort de l'Europe va changer : le momen[illegible]enu où l'un des décrets de la Providenc[illegible]i dispose à son gré des empires, va brise[illegible]ntre les mains d'un despote orgueilleux un sceptre de fer acquis par les plus mémorables succès, défendu par une armée formidable nourrie dans les combats, et toujours couronnée par la victoire. Aveuglé par son ambition, Napoléon va entreprendre une guerre dont la démence seule a pu lui inspirer l'idée, et dont l'imprévoyance augmentera les désastres. Ce ne sera point par les armées ennemies que ses gigantesques projets seront arrêtés; partout où elles se présenteront à nos héroïques phalanges, elles trouveront la mort, et seront obligées de reconnoître la supériorité de nos armes; ce sera l'Éternel qui se chargera de la vengeance; il lui suffira d'un souffle, mais ce souffle sera glacé: en effet, ce fut par lui que nous vîmes périr l'élite de nos armées, et la France entière fut en deuil! Buonaparte quitta ce théâtre de désolation, et arriva, le premier, à Paris, annoncer ses désastres. Qui le croira? il trouva dans ses premiers fonctionnaires, dans ses courtisans, des hommes assez vils, assez lâches, pour oser lui dire: « La France n'a rien perdu, Sire, puisque « vous lui restez. » Aussi, nourri dans sa démence par la bassesse et l'adulation, ne rêva-t-il que vengeance, et fit-il de nouveaux projets d'envahissement.

Ses desseins, trop vastes et trop précipités pour que le temps ait pu les mûrir, sont encore une fois déçus. l'Europe s'est levée en masse contre nos braves tant de fois couronnés par la victoire, mais qui enfin, accablés par le nombre, s'épuisent en efforts inutiles, et sont contraints de baisser leurs fronts couverts de lauriers: rien ne peut plus arrêter l'ennemi, et l'Europe entière est à Paris.

Buonaparte enfin, revenu de ses folles illusions, dépose une couronne dont la nation, indignée et mieux éclairée, venoit de le dégrader par l'organe de ses premiers magistrats qui cependant, presque tous, étoient naguère ses admirateurs et ses créatures; il abdique, et les Bourbons sont promis et rendus aux vœux des Français, pour cicatriser leurs plaies, et les consoler des maux dont ils ont été les victimes pendant leur trop longue absence. Ainsi arriva le renversement d'un homme dont le Ciel, toujours juste dans ses décrets, pouvoit seul prévoir et ordonner la chute. Effet terrible des décrets de la Providence!

TROISIÈME PARTIE.

Restauration.

Nous voici arrivés au moment tant desiré par la partie de la nation étrangère aux intrigues de la révolution, étrangère à la fortune de l'homme extraordinaire dont l'abdication vient d'être prononcée; son renversement et le retour des Bourbons purent seuls consoler la France de la honte d'un envahissement. Le lecteur, instruit par les deux premières parties de cette histoire des persécutions sans nombre auxquelles je fus en butte, peut facilement deviner la part que je pris et dus prendre à ce double événement. Ruiné, tourmenté sous les régimes révolutionnaires; privé de mon état, qui étoit devenu ma seule ressource pour exister; emprisonné, exilé sous Napoléon, avec quelle joie ne dus-je pas voir un bouleversement qui présageoit à la France la fin de la révolution et le terme de ses maux !

Cependant tout étoit consommé depuis plusieurs jours à Paris ; l'espérance avoit remplacé la honte et le désespoir ; une douce sérénité commençoit à gagner tous les esprits, qu'à Rouen, à vingt-huit lieues de la capitale, on étoit dans l'ignorance la plus complète sur tout ce qui se passoit ; tant avoit été grande l'activité du préfet à empêcher les événements de parvenir ! Tous les courriers des postes, et du commerce même, avoient été arrêtés ; le secret des lettres étoit ouvertement violé, et tout ce qui étoit relatif à Buonaparte, à sa chute, aux Bourbons, à leur retour, avoit été soigneusement écarté ou brûlé. Le commerce se décida à faire partir des émissaires à pied, avec ordre de reparoître de même, en mettant pied à terre à quelques lieues de la ville. Enfin perça la lumière ; elle se répandit comme un éclair. A peine en fus-je instruit, que je me rendis chez le préfet, qui ne put me dissimuler la vérité ; je le prévins qu'informé des circonstances, je prenois sur moi la responsabilité d'une détermination qui brisoit le décret de Buonaparte, et que j'étois décidé à me rendre à Paris. Je dois à la vérité de déclarer que M. le comte de Girardin me répondit : « Je ne puis vous y autoriser ; » mais je pense que c'est ce que vous pouvez faire

» de mieux; prenez seulement vos précautions » pour que rien n'entrave votre départ. »

Le jour même j'emmenai ma famille, et je m'embarquai, pour éviter les cosaques, que l'on disoit déjà répandus sur les routes.

A mon arrivée, j'apprends que des commissaires du Roi sont nommés pour recevoir les déclarations des militaires qui voient avec plaisir le retour des Bourbons, et sont prêts à s'armer pour leur cause. Je me rends aussitôt chez M. le comte Armand de Polignac; je me fais inscrire; je demande un entretien particulier; je me fais reconnoître, et je suis assez heureux pour gagner la confiance et l'amitié de ce sujet fidèle et dévoué.

Mgr. le comte d'Artois étoit à Paris; je brûlois de le voir, de contempler en lui les traits augustes d'une famille que les honnêtes gens desiroient, appeloient depuis si long-temps, et pour laquelle j'avois particulièrement tout fait. N'ayant point en ce moment mes uniformes, j'empruntai d'un de mes amis un habit de garde national; je me rendis aux Tuileries, et là, perdu, confondu dans la foule, peu jaloux de me faire connoître, je savourai à mon aise le bonheur de voir cet excellent Prince, de suivre ses moindres mouvements, d'étudier ses paroles, et satisfait, je me retirai.

Mes uniformes arrivèrent. Sans perdre de temps je me rendis au château. Quatre cents personnes de tous rangs encombroient les appartements ; le duc de Berri, cet excellent Prince, qu'une faction criminelle a fait tomber sous le poignard d'un fanatique, étoit auprès de son auguste père. M. le duc de Maillé, de qui j'avois l'honneur d'être connu, me présenta au Prince, en nommant le général Desperrières. — « Desperrières! dit le » Prince ; *il y a un trait historique qui s'attache* » *à ce nom.* » Puis, m'adressant la parole : — « Rappelez-moi... — *L'ancien colonel de Vinti-* » *mille*, ajoutai-je aussitôt. — Ah! je sais ; ce trait » vous fait honneur, et commande notre estime » et notre reconnoissance. — Ah! Monseigneur, » il a été à mon égard le prétexte de bien des » malheurs et de bien des persécutions. — Je » n'en doute pas, c'est à nous de vous en indem- » niser. »

Ces paroles, prononcées avec cet accent du sentiment, et cette bonté particulière à *Monsieur*, pénétrèrent jusqu'au fond de mon âme, et me firent fondre en larmes ; j'osai prendre la main de S. A. R. et la couvrir de baisers ; puis, me remettant : « Monseigneur, ajoutai-je, » je n'ai pas besoin d'indemnité ; j'ai le bonheur » de revoir mes Princes, je suis trop récom- » pensé. »

Je me retirois, et j'étois déjà dans la troisième pièce, quand je m'entendis appeler : *Desper-*

rières!... Desperrières!... Le général Desperrières! C'étoit le Prince qui me redemandoit. Tout ému, je retourne, et *Monsieur* a la bonté de me dire : « *Madame* et *Mgr. le duc d'Angoulême vont arriver; je veux vous présenter* » *moi-même, leur dire ce que vous valez;* » *c'est à eux aussi à payer les dettes de la re-* » *connoissance.* »

Français, voilà les Bourbons, voilà vos Princes!

Cette réception du Prince, insérée dans la *Gazette de France* du 27 avril 1814 (1), me mit dans une position bien différente de celle où j'étois peu de temps auparavant : les royalistes véritables se faisoient un plaisir de me rechercher pour me communiquer ce qu'ils savoient d'intéressant pour les Princes et leur sûreté. C'est à cette confiance que je dus plus d'une fois le bonheur infini de rendre des services importants qui m'ont même valu les remercîments de mon Roi : on pourra facilement en juger par les faits qui vont être relatés dans cette troisième partie.

C'est à peu près à cette époque que je fus remis sur le tableau par M. le comte Dupont, ministre de la guerre, dont j'avois l'avantage d'être favorablement connu, et que j'avois revu dès mon retour à Paris.

(1) Voir ce Journal, aux notes, n° 6.

Le Roi revient avec S. A. R. Madame, et s'arrête à Saint-Ouen. Fidèles et courtisans, tous s'empressent d'aller au devant de Sa Majesté pour lui manifester l'ivresse qu'inspire son retour. En cette circonstance, je ne pouvois être le dernier, et je montai un cheval des écuries du Roi, que M. le marquis de Vernon eut la bonté de me prêter, pour faire partie de l'escorte des généraux qui accompagnoient le Roi. Arrivé à Notre-Dame, je vis une foule empressée près d'une dame que Sa Majesté avoit daigné reconnoître, et qui venoit de se trouver mal après avoir baisé la main du Roi; je m'approche, et, dans cette dame, dont Sa Majesté avoit bien voulu prendre soin en émigration, et qu'elle avoit daigné faire élever dans la religion chrétienne, je reconnois ma belle-sœur; à peine commençoit-elle à revenir que le Roi partit, et que je fus obligé de reprendre mon rang dans l'escorte.

Arrivé aux Tuileries, et mon cheval rendu à l'un des palefreniers, je suis, à pied, la calèche du Roi qui venoit d'entrer sous la voûte. Je vois *Madame* debout dans la voiture : des souvenirs douloureux remplissent ses yeux de larmes; je crois la voir chanceler; je crains pour cette auguste Princesse les effets d'une trop grande émotion, et je me jette aussitôt à la gauche de la calèche pour éviter à S. A. R. les suites dangereuses d'une chute. Le Roi étoit descendu; *Madame*, dont le courage reprend bientôt le dessus, alloit le suivre, lorsque Mgr. le comte d'Artois arrive au grand trot. Un mouvement prompt me précipite du côté du Prince; il étoit seul, il se retourne pour voir si quelqu'un le suit pour tenir son cheval : je vois son embarras, je saisis la bride d'une main, l'étrier de l'autre, et j'aide ainsi le Prince à mettre pied à terre. S. A. R. dont les à-propos sont toujours heureux ou marqués au coin de la courtoisie, s'aperçoit de mon mouvement, et s'adressant à moi : « *Il est donc* » *vrai, dit-il, que vous serez toujours là pour* » *nous rendre service.* » A ces mots obligeants, je ne pus que presser la main du Prince sur mes lèvres.

J'avois offert aux Princes des exemplaires de ma citation du 20 juin : Mgr. le duc de Berri eut la bonté d'en remettre un à S. A. R. *Madame*, qui, après l'avoir lu, s'écria en sanglottant : « *Le* » *fait n'est que trop vrai; je veux voir le co-* » *lonel de Vintimille.* » Cet excellent Prince, m'apercevant le lendemain à son audience, vient droit à moi, et me dit : « Desperrières, » *Madame* a lu votre trait historique avec le plus » grand intérêt; elle demande à vous voir, mais » je crains pour elle la juste émotion que votre » vue ne peut manquer de lui causer; depuis

» son retour, elle nous donne les plus vives in-
» quiétudes sur sa santé; son arrivée dans ce
» palais lui a rappelé des souvenirs tellement
» douloureux, que nous craignons qu'elle n'y
» succombe : je vous demande votre parole que
» vous ne la verrez pas de quinze jours, afin
» qu'elle puisse être en état de vous recevoir. »

Le desir du Prince étoit un ordre pour moi ; je lui donnai ma parole de ne voir l'auguste Princesse que lorsqu'il m'en auroit accordé la permission.

Le Prince après m'avoir témoigné sa satisfaction, continua son audience, et me rappelant quelques minutes après : « Desperrières, me dit-
» il, pour que la parole que vous m'avez donnée
» vous soit moins sensible, allez à Rouen, comme
» commissaire chargé des pouvoirs de mon père
» et de moi ; portez-y la décoration du Lis à la
» Garde nationale de cette ville, qui en fait la
» demande, et dont voici la députation. »

C'est dans l'intervalle entre cette audience et mon départ que M. le duc de Duras eut la bonté de me présenter au Roi, comme l'ancien colonel du 20 juin, et Sa Majesté daigna recevoir une copie du trait historique de cette journée qui me concernoit.

Je partis pour remplir mon agréable mission, et, le 15 mai 1814, quatre-vingts décorations furent distribuées par moi à la Garde nationale de Rouen, et les serments individuels signés (1).

De retour à Paris, je me rendis à l'audience du Prince, qui me fit entrer aussitôt dans son cabinet; je remis à S. A. R. un exemplaire imprimé de la cérémonie, plus la liasse des serments *individuels* signés : « Maintenant, continua le Prince, voyez ma sœur; elle vous de-
» mande, et veut absolument vous parler. —
» Mais, Monseigneur, les quinze jours ne sont
» pas expirés. — N'importe, je vous rends votre
» parole. »

Il étoit si doux d'obéir à un pareil ordre! Je cours au pavillon de Flore; c'étoit le moment de l'audience. M. le comte de Polignac, duc aujourd'hui, étoit chargé des présentations. J'entre; mes traits frappent Madame, sans que j'en sois tout-à-fait reconnu, et je me borne à répondre strictement aux questions de S. A. R. L'audience finie, Madame alloit se retirer; je m'approche de M. de Polignac : « Mon cher comte, lui dis-je,
» S. A. R. monseigneur le duc de Berri m'a
» autorisé à me présenter et à me faire connoître
» de Madame; veuillez dire à S. A. R. qui je

(1) Cette cérémonie a été imprimée en cette ville. Voir aux notes, n° 7.

» suis....» Madame daigne se rapprocher, et M. le comte de Polignac lui dit : « V. A. R. voit dans » le général Desperrières.... Le colonel de Vintimille, reprend cette Princesse ; vos traits ne » sont pas changés : que votre vue me fait mal ! » quels souvenirs vous me rappelez !.... mais » que je suis aise de vous voir. » Et tout émue, Madame rappelle vivement la part que j'avois prise à la journée du 20 juin ; puis, levant les mains vers le Ciel, elle ajoute avec cette âme qui prête un prix infini à tout ce qu'elle dit : « *Ah !* » *général, les beaux droits que vous avez à ma* » *reconnoissance !* »

Humilié d'une inactivité aussi longue, et desirant prouver au Roi que le manque d'instruction ni l'incapacité ne sont pas les motifs qui ont occasionné mes disgrâces, et fermé sur moi la carrière militaire qui s'étoit ouverte sous de si heureux auspices, je m'empresse de réunir tous les matériaux de mon ouvrage, sous le titre de *Commentaires sur les manœuvres du* 1er *août* 1791, *et supplément aux manœuvres*, accompagné d'un atlas de cinquante planches dessinées de ma main, et d'en faire hommage au Roi. Avant tout, je le soumets au jugement de plusieurs personnes aussi recommandables par leurs talents que par leur attachement à la cause sacrée des Bourbons : MM. de Polignac, les généraux Lauriston et Trogoff furent du nombre : encouragé par leurs suffrages, je sollicitai et j'obtins la faveur de le montrer à LL. AA. RR. Mgr. le duc d'Angoulême et Mgr. le duc de Berri. Le premier daigna même consacrer plus d'une heure à son examen, et l'honora de son approbation : c'est alors que je sollicitai l'honneur de le présenter au Roi.

Les compagnies des gardes-du-corps et les compagnies rouges se rétablissoient ; S. A. R. Madame, aux yeux de qui mon dévouement étoit un titre, eut la bonté infinie de m'offrir une lieutenance dans les gardes-du-corps ; je commis la faute de la refuser, croyant que je pourrois être plus utile près des troupes que l'on projetoit de lever (on parloit alors de recréer le régiment des gardes, et la place de major dudit régiment étoit ce que je desirois le plus au monde) ; j'osai supplier *Madame* de m'accorder son appui pour me la faire obtenir. S. A. R., à qui les motifs de mon refus avoient paru ne point déplaire, daigna me promettre sa protection, et m'assurer de l'intérêt qu'elle prenoit au sort du colonel de Vintimille.

Je fis la même réponse à Mgr. le duc de Berri, quand il eut la bonté de m'offrir une lieutenance dans l'une des compagnies rouges. Pourquoi faut-il qu'un excès de zèle m'ait fait ainsi résister à mon étoile, et fouler aux pieds ma fortune militaire? Mon sort eût été bien différent. Le régiment des gardes n'a point été rétabli, et je suis resté sans emploi.

Mon zèle pourtant étoit bien loin de se ralentir. Averti par un de mes amis qui étoit à même d'être bien instruit des excès auxquels on s'étoit porté dans quelques provinces, je pris la liberté d'écrire au Roi pour l'en prévenir, et présenter à S. M. quelques moyens d'y remédier. La lettre fut remise par M. le duc d'Aumont, qui le lendemain m'en remercia de la part du Roi, et m'invita en son nom à continuer ma correspondance. En effet, j'écrivis une seconde lettre quelques jours après: l'on verra que S. M a daigné plus tard s'en souvenir, et rendre justice à mon zèle.

L'ordre royal et militaire de Saint-Louis venoit d'être rétabli: tous les jours un nombre considérable de chevaliers étoient admis à l'honneur de prêter serment entre les mains de LL. AA. RR. le comte d'Artois ou le duc de Berri. Officier depuis 1782, je m'étonnois de ne pas me voir nommer; j'avois la sottise de penser que les bureaux de la guerre étoient institués pour veiller aux droits de tous les militaires, les défendre, et les présenter aux grâces auxquelles leurs services et leur ancienneté leur donnoient des titres incontestables. Enfin, au bout de deux mois, je me décide à fixer l'attention du ministère par

une demande positive et particulière ; je me rends auprès de Son Excellence, et je lui présente ma réclamation. « C'est juste, me répond le mi-
» nistre, je te présenterai au premier travail. » Quinze jours se passent, rien de nouveau ; je retourne près du ministre, je réitère ma demande. Son Excellence me répond : « *Tu es au travail.* » Encore quinze jours écoulés, même oubli : nouvelle visite au ministre. Je me plains ; même réponse : « *Tu es au travail.* » Las d'être berné, je me rends chez M. de Tabarié, auprès de qui je m'informe si je suis sur la liste des chevaliers de Saint-Louis qui doit être arrêtée par le ministre ; celui-ci me répond qu'il n'a rien vu, et m'adresse à M. de Beaufort, bureau des grâces : ce chef me répond qu'il n'a reçu aucun ordre. C'étoit un mercredi que j'eus la réponse du ministre et celles de ces deux chefs. Humilié de me voir ainsi joué pour une chose qui étoit si simple et de toute justice, je forme le projet de m'adresser à l'autorité supérieure, à l'autorité souveraine. Le lendemain, le Roi recevoit : mon tour arrive ; je dis à S. M. : « Sire, votre ancien colonel de Vin-
» timille, officier-général depuis vingt-deux ans,
» et officier depuis trente-quatre (1), a l'hon-

(1) Quoique je ne fusse officier qu'en 1782, je n'en étois pas moins à ma trente-cinquième année, parce que dans l'artillerie on passoit à un officier trois années pour ses études.

» neur de demander la croix de Saint-Louis à » V. M. — C'est bon, Desperrières, » répondit le monarque, à qui il suffisoit de faire connoître ce qui étoit juste pour être sûr de son approbation. Le lendemain, ma nomination est dans le *Moniteur*. Je vais au château; j'apprends que c'est Mgr. le duc de Berri qui reçoit les chevaliers. Je me rends chez le Prince, et je fais le serment. Après avoir reçu l'accolade de Monseigneur, je ne pus m'empêcher de lui dire avec une vive émotion : « Monseigneur, que le baiser d'un Bourbon » fait de bien à un cœur vraiment français! « Le Prince me serra la main affectueusement, et me répondit : « Je te crois, mon cher Desperrières, » et je te rends bien justice. »

Le lendemain samedi, c'étoit l'audience du ministre ; je me rendis chez S. Ex. pour lui faire ma cour. Dès que je fus annoncé, le ministre me dit : « Le général Desperrières, chevalier de » Saint-Louis! — Oui, Monseigneur, je viens en » remercier V. Ex. — Ce n'est point à moi que vous » la devez : mon intention étoit de vous donner » la croix ; mais vous n'avez pas voulu attendre, » vous avez préféré me faire forcer la main. — » Quoi! Monseigneur, ce n'est donc pas à vos » bontés que j'en suis redevable? — Non, c'est » au Roi. — En ce cas, elle n'en est que plus » flatteuse. »

Cette circonstance mit beaucoup de froid entre S. Ex. et moi, et, depuis ce moment, je connus bien qu'il étoit inutile à moi de rien solliciter dorénavant.

Depuis trois mois que j'avois eu l'honneur de remettre mon ouvrage au Roi, je n'en avois point entendu parler; je pris la liberté d'écrire à S. M. pour la supplier de vouloir bien le renvoyer au ministre de la guerre, avec ordre de le faire examiner, et de lui en rendre compte. Le Roi eut la bonté de m'accorder ma demande; et dès le même jour mon ouvrage fut renvoyé au ministère: c'est un de mes anciens amis, M. de Chamilly, premier valet-de-chambre de service, qui voulut bien se charger du tout.

L'ouvrage arriva au moment où le ministre de la guerre venoit d'être changé. M. le maréchal Soult (duc de Dalmatie) venoit de remplacer M. le général Dupont. Quinze jours se sont à peine écoulés, que je reçois une invitation de dîner chez le maréchal : je n'avois point encore fait ma cour, n'ayant point l'honneur de connoître S. Ex. Surpris d'une invitation aussi peu attendue, je m'empresse de m'y rendre. Déjà plusieurs officiers généraux étoient chez S. Ex., entre autres, M. le lieutenant-général comte Saint-Germain ; on m'annonce : le ministre vient au devant de moi. « M. le général Desperrières, il

» faut que je vous invite à dîner pour avoir le » plaisir de vous voir! — M. le maréchal, j'at- » tendois que les journaux annonçassent le jour » où V. Ex. voudroit bien nous recevoir pour » avoir l'honneur de me présenter et vous faire » ma cour. — Et moi, M. le général, je n'ai pu » attendre ce moment; j'étois bien aise de vous » connoître. — Monseigneur, je ne sais ce qui » peut me valoir une si grande faveur de la part » de V. Ex. — J'ai reçu un ouvrage de vous, » que le Roi m'a renvoyé; je l'ai vu avec le plus » grand intérêt; je vous dirai plus, je ne puis » m'en détacher, il me fait perdre plus de trois » heures par jour. — Monseigneur, c'est le fruit » de dix ans de réflexions, et d'une grande ha- » bitude de manier des troupes. — Connoissez- » vous bien votre ouvrage? — M. le maréchal, » je le crois, puisque c'est moi qui l'ai fait. — » Non, Monsieur, vous ne le connoissez pas; » *votre ouvrage est un chef-d'œuvre!* — M. le » maréchal, vous avez bien de la bonté. — De- » puis quand êtes-vous maréchal-de-camp? — » Depuis 93, pour l'affaire d'Arlon. — Votre ou- » vrage m'a donné le desir de vous connoître » plus particulièrement; j'ai fait venir votre dos- « sier; vous avez de belles actions de guerre: » vous n'avez été ni heureux, ni récompensé; » je veux vous mettre à même de réparer le

» temps perdu, je vais vous proposer au Roi » pour lieutenant-général. » Pourquoi ne m'en suis je pas tenu là? mon sort alloit changer : déjà tout me présageoit un avenir plus heureux; mais il étoit écrit que je me perdrois moi-même; ce que je fis en continuant une conversation qui étoit terminée, et dont le résultat étoit annoncé et promis. « M. le maréchal, ajoutai-je, je vous » dois bien des remercîments; mais je ne crains » pas de dire à V. Ex. qu'en me présentant » au Roi, elle fera quelque chose d'agréable à » S. M. — Comment cela? — J'ai l'honneur d'en » être connu favorablement. Je suis l'ancien co- » lonel de Vintimille, le colonel du 20 juin. — » Qu'est-ce que cela veut dire? — C'est moi qui » ai couvert le Roi de mon corps, et qui ai été » assez heureux pour être choisi par le Roi et » la Reine pour tenir le Dauphin quand les bri- » gands ont défilé. — Ah! vous avez fait cela? » Le ministre alors me quitta. L'organisation de l'armée se fit; non-seulement je ne fus point lieutenant-général, mais même je ne fus point employé.

S. A. R. Monsieur, qui devoit compléter le service de sa maison, annonça qu'il alloit prendre des pages, et laissa à S. A. R. Madame le soin d'en choisir quatre. Dès que j'en fus instruit, jaloux qu'un des miens, l'héritier de mon nom, pût, dès l'enfance, avoir le bonheur de servir l'auguste fille de nos Rois, je fis ma demande à *Madame*, dont la bonté n'a jamais oublié le colonel de Vintimille; mais Frédéric Desperrières n'avoit que douze ans : néanmoins *Madame daigna l'agréer, et le recevoir pour prendre son service aussitôt qu'il auroit l'âge.* Les pages ne furent point organisés, et Frédéric ne connut le bonheur qu'en espérance!

C'est à cette même époque qu'un jour, ayant eu le bonheur de joindre Mgr. le duc d'Angoulême au moment où S. A. R. sortoit de ses apparements pour aller chez le Roi, le Prince eut la bonté de me dire : « Eh bien! êtes-vous placé?
» — Non, Monseigneur, je suis trop royaliste
» pour cela. — Je le crois comme vous : c'est
» vraiment ridicule!

Je n'en fus pas moins empressé à servir une cause que j'aimois; et, dès la fin de janvier, instruit d'une manière certaine des préparatifs de Buonaparte pour sa rentrée en France, je courus chez Mgr. le duc de Berri qui m'honoroit d'une confiance particulière J'étois tellement occupé du motif qui m'amenoit, que j'arrivai jusqu'à la porte du cabinet du Prince, sans avoir même pensé à ôter ma capote : « Vous desirez
» parler à Monseigneur? me dit l'huissier (1);

(1) C'étoit un jeune homme blond, d'une jolie figure, un

» il est là qui travaille dans son cabinet. — » Veuillez dire à S. A. R. que c'est moi, et que » j'ai des choses pressantes à lui communiquer. » Le Prince sortit aussitôt la plume à la bouche. « Eh bien! qu'est-ce Desperrières? qu'y a-t-il de » nouveau? — Monseigneur, je viens d'ap- » prendre des choses presque incroyables : Buo- » naparte se dispose à revenir en France. » J'entre aussitôt dans tous les détails du vaste plan qui devoit encore une fois changer l'état politique de la France, et faire succéder au bonheur et à la paix la guerre continentale, les horreurs de la guerre civile. Je fus écouté tranquillement. Tel étoit l'aveuglement et la confiance de cet excellent Prince, que, ne pouvant se faire à l'idée du parjure, il repoussa jusqu'à l'évidence des faits; il alla jusqu'à me dire : « *Votre atta-* » *chement, mon cher général, vous aveugle,* » *la chose n'est pas possible; et si nous ne sa-* » *vions pas que vous poussez votre dévouement* » *jusqu'au fanatisme, nous vous regarderions* » *comme un alarmiste.* » Puis, posant sa plume sur la cheminée, S. A. R. revint à moi, essaya de combattre pendant une demi-heure et de détruire toutes mes assertions. Mais, sûr de mon

peu grêlé de petite-vérole. Je crois qu'il a quitté le palais depuis l'assassinat du Prince : il fut témoin de toute notre conversation.

fait, par la correspondance que j'avois vue, et par toutes les pièces que l'on avoit mises sous mes yeux : « Mon bon Prince, m'écriai-je, votre » confiance vous honore, mais elle me désespère ; » le volcan est sous vos pieds, et vous ne le voyez » pas ; la conspiration est dans le ministère ; les » amis de Buonaparte et des troupes égarées » seront échelonnés pour le recevoir, et si vous » ne voulez pas me croire, vous risquez de quitter » la France plus vite que vous n'y êtes entré. »

Je continuai de faire ma cour avec assiduité et presque journellement aux Princes et à l'auguste Princesse qui avoit daigné me reconnoître avec tant de bonté. Buonaparte débarqua le 1er mars, et justifia tout ce que j'avois avancé au duc de Berri. Cependant je n'en parlai pas au Prince, ce n'eût point été généreux ; je ne m'occupai que des moyens de remédier à un mal qui ne pouvoit qu'aller en croissant, vu les mauvaises dispositions prises : je proposai de partir en poste avec douze cents gardes-du-corps, et les pouvoirs nécessaires pour me renforcer sur les lieux des bataillons de volontaires royaux qui se levoient de toutes parts, et j'offris d'aller arrêter et combattre l'usurpateur. Malheureusement mes propositions ne furent point et ne purent être accueillies par ceux dont les soins avoient été mis à organiser et seconder un pareil complot : si elles eussent été agréées, si un seul coup de canon eût été tiré, la nation, fatiguée du joug de Buonaparte, certaine d'être soutenue, se seroit levée en masse pour le repousser : c'eût été à elle que l'on eût dû son deuxième renversement; on n'auroit pas eu besoin de recourir à l'étranger, dont la présence en France, et en pareille circonstance, a été une honte bien grande pour une puissance forte et magnanime. Hélas! elle a payé bien cher un secours dont on se seroit facilement passé si on eût eu en elle plus de confiance, et si l'on eût voulu organiser ses moyens, utiliser ses ressources, et faire un appel à sa loyauté.

Le 13 mars au matin, averti d'une manière certaine des dangers que devoient courir le Roi et la Famille royale la nuit suivante, je courus au château, et je me rendis chez M. le duc de Duras. Une quinzaine de personnes y étoient, presque tous vieux militaires, officiers-généraux ou supérieurs, dont M. de la Rochejacquelein, vivant M. de Clausoles, employé aux bureaux de la guerre; les noms des autres m'ont échappé; mais, s'ils vivent, ils peuvent attester la vérité des faits qui vont être tracés.

Aussitôt arrivé, M. le duc de Duras, déjà averti, me dit : « Qu'est-ce qu'il y a de nou-» veau, Desperrières? — Les événements les plus

» sinistres, M. le duc, se préparent pour cette » nuit; le Roi et la Famille royale doivent être » assassinés dans la nuit. — C'est ce que ces mes- » sieurs viennent de me dire. — Mais ce qu'ils » ne savent peut-être pas, ce sont toutes les cir- » constances de cet horrible complot, et je vais » vous les apprendre. » Ensuite j'entrai dans tous les détails relatifs à l'événement qui étoient parvenus à ma connoissance. M. de Duras, bien informé et justement alarmé, demanda : « *Quel* » *parti prendre?* — Nous conduire chez le Roi, » lui répondis-je aussitôt; nous sommes tous ici » officiers-généraux ou supérieurs, connus de- » puis long-temps par notre amour et un dé- » vouement éprouvé; nous ferons connoître à » S. M. la vérité, le danger de sa position, et » la nécessité de prendre des précautions. — Oh! » non, nous ferions une révolution au Roi : elle » pourroit le rendre malade! — Faut-il le laisser » périr sous les poignards? — Je vais vous cher- » cher M. le comte de Blacas. » M. le duc de Duras rentra dans les appartements. Je ne sais quels motifs purent retenir le premier ministre, et l'empêcher, dans une circonstance aussi pressante, de venir entendre de notre bouche les détails précis qui seuls pouvoient établir le degré de confiance que l'on devoit accorder à une nouvelle si alarmante; mais il ne vint point. *C'est à lui de répondre à son Roi, à son siècle, et à la postérité.*

Au bout d'un quart-d'heure, M. de Duras rentra, et dit « qu'il n'avoit pu déterminer M. de » Blacas à venir, mais qu'il alloit envoyer M. le » comte de Pradel. »

Notre surprise fut sans egale. On se demanda qui porteroit la parole à M. de Pradel; et tous me désignèrent d'un commun accord. Enfin parut l'ambassadeur de M. de Blacas; je lui détaillai toutes les circonstances qui forçoient d'ajouter foi à l'affreux événement que toutes les personnes présentes étoient venues individuellement annoncer, et je conclus à ce que, sans délai, on prît les plus grandes précautions. M. de Pradel écouta tout avec ce calme qui le caractérise, et ajouta qu'il n'avoit aucun pouvoir pour arrêter aucunes dispositions. Indigné des lenteurs qui pouvoient tout perdre, je passe au bureau de M. le duc de Duras, et, avec sa permission, j'y prends une feuille de papier, une plume; j'arrive à M. le comte de Pradel, et je lui dis : « M le comte, vous allez avoir la bonté de déclarer qu'au défaut de M. le comte de Blacas » qui a refusé de nous entendre, vous vous êtes » rendu, d'après ses ordres, au milieu de nous, » pour savoir ce que nous avions à dire; qu'après » avoir décliné nos noms, titres et qualités, nous

» vous avons déclaré que nous savions de bonne » part que le Roi et la Famille royale devoient » être assassinés cette nuit; que nous vous en » avons transmis tous les détails qui étoient à » notre connoîssance, et qui pouvoient donner » du poids à notre assertion; que nous avons » requis l'armement du château, et qu'ayant » refusé d'y obtempérer, vous avez pris sur votre » responsabilité le résultat de l'événement. » M. de Pradel fut effrayé, *pâlit*, et s'écria: « Je » ne signerai jamais cela! — En ce cas, armez. — « Que voulez-vous que je fasse? » J'indiquai aussitôt toutes les précautions à prendre: le château fut armé, et la Famille royale fut sauvée. Plusieurs de nous passèrent la nuit au château, chez M. le duc de Duras, et le lendemain, à neuf heures, j'étois appuyé contre la cheminée, quand le premier gentilhomme remonta de chez le Roi, et me dit: « Vantez-vous maintenant » de votre 20 juin; vous avez rendu cette nuit » un bien autre service: tous les rapports de » la nuit et du matin coïncident avec vos avis; » le Roi et la Famille devoient être assassinés » dans la nuit, si l'on n'eût point armé le châ» teau. »

Je voyois souvent, à cette époque, M. d'André, ministre de la police générale; je ne cessois de provoquer des mesures pour arrêter les progrès de la défection, de la trahison; je proposai même une organisation prompte d'une garde royale; j'en présentai le plan au ministre, qui le goûta fort, mais qui manifesta l'intention de le soumettre à M. le comte de Blacas avant d'en parler au Roi. De ce moment, je prévis que mon plan ne seroit point adopté. Rien cependant n'étoit plus simple : changer les officiers de quelques régiments que l'on savoit trop attachés à la cause de Buonaparte, les remplacer par des officiers dont le dévouement étoit connu; on pouvoit, à cet égard, consulter le registre qui avoit été ouvert chez M. le comte de Polignac, et donner à ces nouveaux corps des chefs et des généraux éprouvés.

Cependant une armée qui paroissoit devoir être la dernière ressource de la Famille royale, s'organise à Saint-Denis, sous le commandement de S. A. R. Mgr. le duc de Berri; je l'apprends, et je cours offrir mes services au Prince : « Oui » certainement; non-seulement je les accepte, » me répond cet excellent Prince, mais je pré- » tends bien que vous veniez avec moi : allez- » vous-en trouver mon chef d'état-major, et » qu'il vous place sans le moindre délai.

On ne peut douter de l'empressement que je mis à obéir à un pareil ordre, seul but de mon ambition; mais ce que l'on ne pourra croire, c'est que l'ordre resta sans effet, et que la malveillance trouva le moyen de le repousser.

Je croyois avoir donné des gages suffisants ; je brûlois d'en donner encore, et je ne me rebutai pas. Des compagnies nobles s'organisoient : un comité, dont étoit membre M. le marquis de Latour-Maubourg, depuis ministre, étoit chargé d'en nommer les capitaines. Je m'adressai à ce comité ; et, rencontrant un soir M. de Latour-Maubourg qui descendoit des Tuileries, je lui demandai ce qu'il y avoit de déterminé par rapport à moi? Le général me répondit « que j'étois » désigné pour commander la 4e compagnie. » Mais les événements se succédèrent avec tant de rapidité que je ne reçus aucun ordre.

Le 20 mars arriva : nul moyen de résistance n'ayant été opposé, n'ayant même été organisé, le zèle et le dévouement ayant été paralysés, la défection fut complète, et, pour sauver un crime inutile, le Roi se décida à s'éloigner lui et sa Famille : la nuit du 20 mars fut fixée pour son départ. J'avois passé toute la journée au château ; j'avois été témoin des préparatifs, et, brûlant de suivre le Roi, je me rendis chez M. le comte de Blacas, à l'effet de solliciter un secours pour partir et emmener ma famille ; mais il étoit dit que jamais mes vœux ne seroient exaucés. L'argent pourtant ne manquoit pas, puisque Buonaparte trouva 22,000,000 au trésor : on pensa apparemment qu'il valoit mieux laisser une famille dévouée en butte aux persécutions, que de distraire une modique somme de 1,200 francs, à laquelle se bornoit ma demande, plutôt que d'en priver l'usurpateur qui arrivoit. M. de Blacas les refusa, alléguant que les caisses étoient fermées, et les promit pour le lendemain. « Mais vous partez » cette nuit, lui répondis-je. — Qui vous l'a » dit? — Je le sais. »

On observoit ou on croyoit observer un tel secret, que ce fut moi qui prévins le père Élysée du départ qui se préparoit.

Descendu dans la cour, je rencontrai, contre la grille du Carrousel M. le prince de Poix qui me demanda où étoient ses gardes-du-corps? — » Vous allez donc partir? — A l'instant même; » Je cherche où sont les gardes qui doivent escorter le Roi. — Vous partez sans prévenir, et » laissez ainsi sous le couteau les amis les plus » fidèles. — Sois tranquille, nous te vengerons. » — Il sera bien temps pour moi, quand Buonaparte, qui déjà me hait, m'aura fait fusiller. » — Je te dis que nous te vengerons. Fais, je te » prie, avancer les gardes-du-corps. »

Je m'y prêtai : je fis avancer le détachement; je vis partir le Roi, et je l'accompagnai de mes larmes....

Rentré chez moi avec ma sœur, nous donnâmes aussitôt des ordres pour tout faire vendre dans nos deux appartements ; je fis argent de tout; ensuite je me rendis à la Préfecture de police, à l'effet d'avoir un passe-port, que M. Léger me fit délivrer à l'instant, aux armes et au nom du Roi; de là je me retirai à Pantin, avec ma famille, chez M. le chevalier de F●nvielle, qui voulut bien nous recevoir, et nous garder jusqu'au moment où j'aurois réalisé mes fonds. Trois jours suffirent à cette opération, tant les sacrifices -urent grands !.... Mais nous ne pûmes partir que huit jours après le Roi, faute de places dans les diligences, qui toutes étoient retenues.

Dans l'intervalle, paroît un décret dit impérial, qui annulle les passe-ports délivrés par le Roi. Faute de nouveaux passe-ports, on fait sur le mien les changements nécessaires pour l'*impérialiser*, et je pars dans une carriole pour attendre et rejoindre la diligence à Bondi.

Arrivés à ce village, un domestique qui avoit refusé de nous suivre, mais dont la femme plus dévouée n'avoit pas voulu quitter ses anciens maîtres, nous fait arrêter par deux gendarmes, dont l'un étoit brigadier. Je me crois un moment livré, ainsi que les miens, à Buonaparte; néanmoins j'expose avec franchise la circonstance dans laquelle je me trouve, et je déclare vouloir suivre le Roi. Quel est mon étonnement, quand je vois ces deux braves gendarmes me tirer à part, et que je les entends me dire : « Mon général, que » vous êtes heureux! vous allez joindre notre » bon Roi! Combien nous voudrions qu'il nous » fût possible de faire comme vous! » La diligence étant arrivée, ils protégèrent notre départ. A mon retour de Gand, je me fis un plaisir de proclamer leur conduite; je les recommandai vivement à M. Tassin : j'ignore si justice leur a été rendue, et s'ils ont eu de l'avancement.

Arrivés près de Valenciennes, on nous dit que les portes sont fermées par ordre, et qu'aucune voiture ne passe. L'inquiétude s'emparoit déjà de nous, lorsqu'arrivant au moment où l'on venoit de les rouvrir, nous eûmes la satisfaction de traverser la ville sans difficulté, et, quelques heures après, nous nous trouvâmes aux postes belges.

Il faut avoir lu cet ouvrage, être au fait des persécutions que j'ai éprouvées pendant la révolution de la part de tous les gouvernements qui ont tyrannisé notre malheureux pays, pour se faire une juste idée du bonheur que je ressentis de me trouver hors de France. Sans m'arrêter, je continuai ma route sur Bruxelles. J'apprends que le Roi est à Ostende, que le prince de Condé est à Bruxelles, et que le duc de Berri y est attendu. Je m'empresse aussitôt d'aller faire ma cour à ce vieillard vénérable, doyen et chef de la chevalerie : j'en étois connu, et j'avois eu l'honneur de le voir souvent à Paris ; j'en reçois l'accueil le plus favorable ; et, d'après ses avis, je me décide à attendre le duc de Berri, afin de connoître les dispositions ultérieures de S. M., et régler ma conduite définitive.

Dès mon arrivée, je m'étois empressé de remettre mon passeport aux autorités du lieu. Vingt-quatre heures après, je suis mandé à la police avec ma sœur : nous nous y rendons en voiture (j'étois en grand uniforme). Je suis reçu par un homme porteur d'une figure aimable, mais qui, avec des formes honnêtes, m'assomme de questions plus que ridicules, et s'enveloppe de tous les dehors mystérieux des suppôts de la haute-police. Je veux me retirer ; on me fait entendre que je suis encore retenu pour quelques instants. Alors, indigné, je me réclame du prince de Condé, de toute la Cour, du duc de Berri qui est attendu, et du Roi même, s'il est à Bruxelles. Enfin, je fais tant de bruit, que, pour se débarrasser de moi, sous le prétexte de me renvoyer au chef de la police générale, on me confie, ainsi que ma sœur, aux soins de deux alguazils bourgeois, que vulgairement on nomme *mouchards*. Ces honnêtes messieurs nous conduisent dans une prison dont la porte étoit ouverte. Ici mon étonnement se change en pitié! Je fais le tour de cette chambre; je gagne promptement la porte qui étoit restée ouverte, et je jure hautement sur mes armes de ne point y rentrer. Au bout d'un quart-d'heure, arriva l'ordre de liberté; j'en profitai pour remonter dans ma voiture, et me faire conduire chez le prince de Condé, qui, aussitôt qu'il me vit entrer, eut la bonté de venir à moi et me dire: « Qu'est-ce, mon ami? ces scélé-» rats ont voulu vous faire arrêter? Ils ont en-» voyé ici pour savoir si je vous connoissois; j'ai » aussitôt dépêché un de mes officiers pour vous » réclamer, comme un de nos bons, de nos fidèles » amis: s'il vous arrive encore quelque chose, » faites-le moi savoir, à l'instant j'irai moi-même » vous réclamer. » MM. du Cayla, de Conti et autres officiers de la cour du Prince peuvent attester cette bonté infinie de ce respectable Prince. Pourquoi faut-il que de tels hommes meurent? ils feroient adorer la monarchie!

Aussi, pendant tout le temps que je passai à Bruxelles, je n'avois de bonheur que chez le prince de Condé; j'aimois à contempler ses traits augustes, à recueillir ses moindres paroles, qui toutes étoient empreintes de ce vieil honneur qui pendant long-temps fut le plus bel apanage de la noblesse. On verra tout à l'heure l'influence que le Prince avoit sur mon âme.

Mgr. le duc de Berri arrive à Bruxelles ; je me rends aussitôt auprès de S. A. R. pour lui faire ma cour. On m'annonce ; le Prince vient au devant de moi avec cette bonté et cette gaîté qui ne l'abandonnoient jamais : « Ah ! Desperrières, » mon ami, te voilà ! — Oui, Monseigneur, mais » à Bruxelles ; et puisque nous y sommes, » V. A. R. me permettra-t-elle de lui rappeler » notre conversation du mois de janvier, au » pavillon Marsan ? — Ne m'en parle pas, j'y ai » pensé plus de cent fois. — La belle âme de » V. A. R. la portoit à refuser de me croire. — » Que veux-tu ? mon ami, je suis forcé de con- » venir que nous avions tous tort ; seul tu avois » raison.... L'expérience ne l'a que trop prouvé. » Ensuite nous eûmes ensemble une de ces conversations que le Prince pardonnoit à mon zèle, et dans lesquelles la vérité étoit sûre d'arriver jusqu'à son cœur. Pourquoi faut-il qu'un fanatique.... un scélérat !... Ah ! combien ils sont coupables ceux qui ont commis le crime, et ceux qui l'ont permis ! Ils ont cru frapper la monarchie ; la Providence l'a sauvée miraculeusement.

Dès que j'eus appris l'arrivée du Roi à Gand, je me fis un devoir de m'y rendre. Présenté à Sa Majesté, elle eut la bonté de me dire, entre autres paroles flatteuses : « Je savois bien que » vous me viendriez. »

A la sortie du déjeûner, le duc de Rohan-Chabot, qui n'avoit point assisté à ma présentation, me prenant d'une main, et, de l'autre, arrêtant respectueusement le Roi, lui dit : « Sire, voilà » notre Desperrières! » Sa Majesté eut la bonté de répondre : « Je le connois bien, je l'ai déjà » vu ce matin, et je lui dois une grande justice » que je suis bien aise de lui rendre devant toute » ma cour : si je m'en étois rapporté à lui, à ce » qu'il m'a fait dire, à ce qu'il m'a écrit, ni » moi ni ma famille ne serions ici. » M. Descordal, aujourd'hui colonel, M. Peyronnet, premier valet de chambre du Roi, M. le duc d'Havré et une partie de la cour étoient présents.

En sortant de chez le Roi, je me rendis chez le ministre de la guerre, qui m'annonça que je pouvois rester à Bruxelles avec ma famille ; que je toucherois mon traitement d'activité du jour de mon arrivée en Belgique : ce qui me rendoit un grand service, vu mes charges et ma position financière.

Qui auroit pu croire qu'après une réception aussi flatteuse et aussi honorable du Roi, le même soir, retournant à Bruxelles, je serois arrêté à la porte de Gand comme un conspirateur!

« Le général Desperrières n'est-il pas dans la » voiture? nous dit une voix inconnue. — Oui, » monsieur, que lui voulez vous? — Descendez,

» entrez au corps-de-garde. » Je descends. — « Que me voulez-vous? — Où sont vos papiers, » vos passe-ports? — Les voilà. » Examen fait, « vos effets, il faut que je les visite..... — De » quelle part? — J'ai des ordres. — Ils sont dans » la voiture. — Le porte-manteau de mon- » sieur? » Le porte-manteau descendu, ouvert, retourné, bouleversé, me fut rendu, et je fus autorisé à continuer ma route. Pendant le trajet, je me creusois la tête pour deviner l'autorité suprême qui avoit osé vexer ainsi celui que le Roi avoit daigné accueillir avec tant de bonté et d'une manière si particulière; ceux qui connoissent les cours le devineront très-aisément. Ce ne fut pas long-temps un mystère pour moi : je laisse à la sagacité du lecteur à le définir.... Arrivé à Bruxelles, je ne fus pas peu surpris d'apprendre que, pendant que j'étois à Gand, comblé des bontés du Roi, mais livré à l'inquisition d'un homme qui abusoit de la confiance du Monarque, et craignoit ma véracité, mon secrétaire, mes papiers avoient été fouillés; que ma sœur avoit été tourmentée par des agens de police. Fort de ma conscience et fier des paroles du Roi, je méprisai les petites vengeances d'un homme puissant qui n'avoit pu ni prévoir ni empêcher le malheur que j'avois eu le courage d'annoncer. Je pouvois dès le lendemain retourner à Gand, me plaindre au Roi, et demander justice; je préférai me taire: je n'en parlai qu'au Prince de Condé, qui en gémit avec moi; mais le moment de la vérité est arrivé; elle doit sortir tout entière d'un écrit destiné à éclairer le Roi et mes contemporains.

Quelque temps après, parut dans les feuilles publiques la fameuse décision de MM. les conseillers d'Etat de Buonaparte, lesquels, dans leur sagesse, essayoient de prouver que sa dynastie étoit la seule propre à régner, et que les Bourbons étoient à jamais exclus de leurs droits au trône. Cet écrit, astucieusement rédigé, étoit bien propre à semer l'alarme dans un camp royaliste. J'étois chez le Prince de Condé, où chacun en parloit suivant l'indignation qui l'animoit, lorsque je témoignai ma surprise qu'une cause aussi belle n'eût point encore, depuis trois jours, trouvé de défenseurs dans des rangs où l'on comptait des écrivains aussi distingués que MM. de Chateaubriand et Lally-Tolendal : si on le veut, ajoutai-je, je m'en chargerai. « Vraiment, me dit le » Prince de Condé, tu t'en chargerois? — Pour- » quoi pas, Monseigneur? il ne faut que de l'âme » pour répondre à de pareilles absurdités, et une » volonté bien prononcée de proclamer la vérité. » Si V. A. le permet, je l'entreprendrai, et je lui » soumettrai mon travail. — Vous me ferez plai- » sir, mon cher général; je vous en dirai franche-

» ment ma façon de penser. » Aussitôt je me mis à la besogne, et soixante heures après je retournai chez le Prince, et je lui apportai l'écrit intitulé : *Réfutation d'un Soldat à MM. les conseillers de Buonaparte, se disant Empereur des Français...* Le Prince s'enferma dans son cabinet, revint une heure après, me fit compliment de mon ouvrage, et m'engagea à le faire imprimer sans délai. Je le montrai aussi à Mgr. de La Fare, qui voulut bien y faire deux corrections; je le remis à l'imprimeur de l'*Oracle*, et j'en fis tirer cinq cents exemplaires que je distribuai, chez le Prince, à Bruxelles, à Gand, à Alost, après en avoir fait hommage au Roi.

La calomnie et la médisance, qui toujours s'attachent à nuire, ne m'avoient sûrement point épargné à Gand plus qu'ailleurs; car je fus bientôt informé que, le jour même de la distribution de mon écrit, S. A. R. *Monsieur* dit à son cercle, le soir : « Qui a vu la réfutation de Desperrières? Elle est forte; il faut convenir qu'il » a vigoureusement jeté le gant, et qu'il n'y a » plus pour lui de porte de derrière. » Ceux qui liront cet exposé de ma vie, et qui voudront bien en suivre toutes les périodes, rendront sûrement quelque justice à mon caractère, dont la loyauté et la franchise furent toujours les seules et uniques bases. Sous Buonaparte, c'étoient 300,000 f.

que l'on m'accusoit d'avoir reçus et perdus dans une nuit, lorsque je n'avois jamais reçu de lui, ni des gouvernements révolutionnaires qui l'ont précédé, une seule obole, au-delà de mon traitement. Sous le Roi, que pouvoit-on dire, pour paralyser les efforts de mon zèle, les titres que me donnoient quelques circonstances heureuses? Mais il faut bien que l'envie et le mensonge aient agi sourdement, puisque, à Bruxelles, sans le Prince de Condé j'eusse été arrêté; que, pendant mon absence, mes papiers avoient été visités; qu'à Gand, le jour même où je recevois de mon Roi un accueil favorable, je fus arrêté comme un conspirateur, et que, depuis, malgré mes droits à la reconnoissance, j'ai été dépouillé de mon emploi, mis à la retraite, condamné à mourir de faim avec ma famille, sans jamais avoir reçu d'autre récompense que la croix de Saint-Louis, que je tiens des mains même de Sa Majesté.

Mais revenons aux événements.

Buonaparte, dont l'activité et le coup-d'œil en administration étoient le caractère distinctif, maître de la France par la trahison, avoit à combattre les Jacobins qui lui disputoient la toute-puissance, les amis de la monarchie, renforcés des différentes classes de l'état, qui soupiroient après le repos, et l'Europe entière qui, par sa décision du 13 mars, avoit proclamé l'intention bien formelle d'écraser le colosse qui l'avoit souvent fait trembler. Fort de sa volonté et de la terreur qu'imprime son gouvernement, Napoléon organise, habille et arme en trois mois deux cents bataillons, les jette dans les places fortes, rappelle à lui les débris de ses armées que la victoire a trahies, et, avec cent trente mille hommes, il prétend non-seulement tenir tête à un million de soldats, mais reconquérir ce qu'il a perdu. Si jamais projet fut gigantesque, ce fut bien celui-là! Aussi faillit-il réussir par le fait même de son extravagance. Les puissances, qui étoient loin de présumer une aussi grande audace, attendoient dans un calme parfait que leurs forces fussent réunies pour agir de concert et plus sûrement; Buonaparte profite de leur sécurité pour les attaquer séparément et les détruire; il rassemble son armée sur la Sambre avec tant de mystère, qu'il la passe et tombe sur les cantonnements prussiens au moment même où ceux-ci s'y attendoient le moins; car presque tous les chefs de cette armée étoient occupés de leurs plaisirs : une partie même étoit au bal du général Wellington à Bruxelles. Les militaires instruits et la postérité ne pourront jamais expliquer comment ce conquérant, jadis si actif, si habile à profiter, non-seulement de la victoire, mais même du moindre succès, qui vient, par son arrivée sur la Sambre, de montrer à l'Europe ce que peut encore son génie, s'arrête à trois lieues, et ne pousse pas plus loin son *houras;* ce n'est pas ainsi que M. de Turenne fit le sien en Alsace, quand il força les ennemis à repasser le Rhin. Cette faute coûta, pour la deuxième fois, l'empire à l'usurpateur, ou au moins précipita sa chute. Aavançant rapidement, il pouvoit détruire une partie de l'armée prussienne sans combattre; s'arrêtant, il lui donna les moyens de se réunir; aux Anglais, le temps de marcher à leur secours, de les joindre, de l'écraser de leur nombre, et de lui arracher la victoire dès le troisième jour de l'ouverture d'une campagne qui attira à la France une seconde invasion, et lui coûta soixante mille braves éprouvés et un milliard et demi. Vaincu ou à la veille de l'être, la terreur ne précède pas moins Buonaparte; tout ce qui est en avant de son champ de désastre en est frappé : le pont sur la Nèthe est détruit par ordre supérieur. Le duc de Berri se rend à Termonde, sur l'Escaut, avec le peu de troupes disponibles aux ordres du Roi (les volontaires nobles et les foibles escadrons composés des gardes-du-corps et des compagnies rouges) pour couvrir Gand. Le Prince de Condé, le peu d'émigrés fidèles quittent Bruxelles, et se replient sur Anvers : ils n'étoient pas les seuls, tant la consternation étoit générale! La route de Bruxelles à Anvers étoit encombrée de débris. Je suivis le torrent. Bientôt des bruits plus certains annoncent la défaite de l'usurpateur, et présagent le retour en France de nos Princes légitimes; nous nous rendons à Gand sans délai.

Quelques jours après, paroît une ordonnance du Roi qui annonce sa rentrée, promet justice aux traîtres et récompense aux fidèles. Qui eût pensé alors que ceux qui avoient tout quitté pour se vouer à la défense de leur Roi indignement trahi, seroient, pour récompense, *amnistiés!*.....

Rentré en France, je fis partie de l'escorte de S. M.

Tout le monde connoît le retour du Roi, l'ivresse qui accompagna sa rentrée, même à Paris, malgré les démonstrations hostiles qui furent faites jusqu'à ce moment.

Peu de temps après, le porte-feuille de la guerre fut enlevé au duc de Feltre, et remis à M. le maréchal Gouvion-Saint-Cyr. J'avois laissé mon ouvrage sur les manœuvres dans les bureaux de la guerre pour y être examiné. N'attendant rien d'un pareil changement de ministre, je me borne à le réclamer; on ne le trouve pas : je me fâche, et je m'adresse au ministre. Quelques jours après, je rencontre dans l'escalier du pavillon Marsan

M. le général Evain, à qui je parle de mon commentaire sur les manœuvres : «Vous faites bien » du bruit avec votre ouvrage, me répond le » général, il est retrouvé, il est au dépôt de la » guerre, vous pouvez le reprendre quand vous » voudrez, nous n'en avons plus besoin. — Que » dites-vous? — Que nous l'avons. — Comment! » un ouvrage manuscrit! — Nous ne sommes pas » si fous que de nous priver d'un aussi bon tra- » vail, nous l'avons fait copier; vous pouvez re- » prendre votre manuscrit quand vous voudrez. » Effectivement, le lendemain je reçus du ministre une autorisation de le reprendre au dépôt de la guerre (1); ce que je fis aussitôt, et je vis dans ce magasin, *riche des idées d'autrui*, mon atlas, copié exactement jusque dans ses détails les plus minutieux; j'y vis aussi le volume des deux premières parties, avec les douze planches, que j'avois donnés à Buonaparte, et que l'on me dit avoir été renvoyés par le Roi lors de la première rentrée.

Ne suis-je pas autorisé à demander ici s'il est bien délicat à un ministère qui devroit être le sanctuaire de l'honneur, le défenseur des droits des officiers, de dépouiller un militaire de son

(1) Voir aux notes la lettre de M. le maréchal Gouvion-Saint-Cyr, n° 8.

travail, de s'approprier ses idées, d'en tirer parti pour l'avantage de l'armée, et ensuite, non-seulement de ne rien faire pour l'avancement de cet officier, de ne l'appeler à aucune récompense, de ne lui donner aucune indemnité, mais encore de lui enlever son état, son existence, de le mettre à la retraite, et de le condamner à l'oubli le plus humiliant?

Quelques mois s'écoulèrent: le duc de Feltre, qui avoit acheté son porte-feuille par le plus beau dévouement, fut rappelé, et M. de Gouvion obligé de lui rendre sa place. A peine fut-il rentré au ministère que j'allai le trouver, et je fus aussitôt appelé au commandement du département de l'Hérault, dont M. de Briche commandoit la division. Lors de ma visite de remercîment et de congé, M. le duc de Feltre eut la bonté de me dire: « Vous ne resterez pas long-temps là; j'ai » des projets sur vous, et je veux vous mettre à » même de réparer le temps perdu: il est question d'une expédition sur Saint-Domingue: » mon projet est de vous la confier; je me charge » de vous donner vos instructions; mais gardez » secret sur ce que je vous dis. » J'avois conçu depuis quelque temps le projet de demander le grand cordon de la Légion-d'Honneur; lorsque j'en parlai au ministre, sa réponse fut: « A quoi cela » vous mènera-t-il? Vous avez besoin de termi-

» ner votre réputation, de faire votre fortune :
» vous avez rendu des services très-importants ;
» si l'on vous donne un cordon, on croira vous
» avoir récompensé ; je sais mieux que vous ce
» qu'il vous faut : reposez-vous sur moi. »

Plein de reconnoissance et flatté d'un doux espoir, j'embrassai le ministre, et je partis pour Montpellier.

J'apportai tous mes soins à faire chérir le gouvernement du Roi, et mériter l'estime et l'amitié des habitants : je n'y parvins que trop pour ma tranquillité et mon bonheur. Les autorités et tous les amis du Roi (et ils sont nombreux en ce pays) me faisoient accueil et amitié ; le peuple chantoit mes louanges.... Ces sentimens déplurent à M. de Briche, qui en conçut probablement de la jalousie. Il prétendit que toutes ces marques d'attachement étoient un vol fait à son autorité, et ne tendoient qu'à le déconsidérer, et, au moment où il me montroit le plus de satisfaction de ma conduite, il demanda mon changement au ministre de la guerre, dont il avoit épousé la nièce : telles furent du moins les raisons qu'il ne craignit pas de donner au général Manteil, grand-prévôt, et à ceux qui lui manifestèrent leur étonnement de ce qu'il avoit provoqué une mesure qui affectoit sensiblement les personnes attachées à la monarchie.

Je dirai même que M. de Briche mit tant de sévérité dans l'exécution des ordres qu'il avoit sollicités, que je fus obligé de donner contre-ordre d'une revue de la légion de l'Aveyron que j'avois indiquée pour le soir.

Si j'éprouvai un sentiment douloureux de quitter le commandement d'un département où l'on m'avoit journellement manifesté tant d'amitié, j'en fus du moins indemnisé par les regrets sincères qui accompagnèrent mon départ (1) : le préfet, le bon, l'excellent M. le comte de Floirac, le premier président, le procureur-général, l'avocat du Roi, le maire, toutes les personnes marquantes de la ville et du département, s'empressèrent de m'exprimer la part qu'ils y prenoient. Pendant les trois jours que je restai pour ranger les papiers et préparer mon départ, mon appartement ne désemplit pas depuis sept heures du matin jusqu'à minuit. On connoissoit ma position : c'étoit à qui viendroit m'offrir des services pécuniaires. M. le préfet lui-même m'offrit sa bourse et sa signature. Pendant ces trois jours, je m'abstins d'aller au spectacle, d'après les dispositions dans lesquelles on m'avoit assuré qu'étoient les habitants à mon égard; dispositions qui n'eussent peut-être pas été aussi favo-

(1) Voir aux notes l'extrait du *Véridique*, n° 9.

rables à d'autres. J'avois fait prix avec un voiturier pour me conduire moi et ma famille à Mende. Les habitants le savent, et vont chez le maître de la voiture s'informer de l'heure de mon départ ; je l'apprends par cet homme, je laisse son carrosse à ma famille, et je pars seul de nuit par la diligence. A peine mon départ fut-il connu, que les habitants firent une députation au Roi, à *Madame* et au ministre de la guerre ; le ministre m'en écrivit pour s'en plaindre ; je déclarai la vérité, que j'étois entièrement étranger aux bonnes dispositions et aux démarches des habitants du département de l'Hérault.

Je restai un an au département de la Lozère, et je reçus, lors de l'assassinat de M. Fualdès et du jugement de ses assassins, l'ordre d'aller sans délai prendre le commandement du département de l'Aveyron, en place du général Vautré, envoyé à Bourg.

C'est de la Lozère que, témoin oculaire des persécutions que l'on faisoit éprouver aux royalistes, qui tous étoient chassés des emplois auxquels ils avoient été appelés, en reconnoissance de leurs services et de leur fidélité, n'écoutant que mon zèle pour une cause à laquelle j'avois voué mon existence, je fis partir ma belle-sœur pour Paris, porteur d'un *manuscrit* intitulé : *Garde à vous!* adressé aux Princes et à *Madame*.

Le temps n'a que trop prouvé que je ne m'étois pas trompé!

M. le maréchal Gouvion-Saint-Cyr, rappelé au porte-feuille de la guerre, signala son ministère par des réformes en masse; il commença par la gendarmerie : quarante-huit officiers de cette arme, *réorganisée avec soin*, furent écartés et mis à la réforme. Arriva le tour des généraux : les commandants des départements furent supprimés; les divisions ne conservèrent que deux maréchaux-de-camp. Pour la réforme, le choix du ministre tomba sur ceux qui avoient donné le plus de preuves de dévouement au Roi et à la Famille royale : je devois, à ce titre, être un des premiers frappé; je le fus sans en être surpris.

Je crus devoir témoigner, en partant, mes regrets aux employés et aux militaires de tout grade sous mes ordres, et je le fis par un ordre du jour, dans lequel, après avoir annoncé les nouvelles dispositions du ministre, je m'exprimois ainsi : « Adieu, mes camarades; conservez dans » votre âme le feu sacré qui vous anime; aimez » toujours bien le Roi et la légitimité; n'oubliez » pas que c'est Dieu, Dieu seul qui nous a rendu » les Bourbons, que c'est à la valeur de vos ar» mes qu'il a confié ce dépôt sacré; mourez » tous pour le défendre : si jamais le moment » du danger se présente, c'est dans vos rangs

» que vous me trouverez, et croyez que toujours » je serai jaloux de vous montrer l'exemple de » la fidélité et du respect que l'on doit à ses » serments... » Et pour prouver à S. Ex. l'exactitude avec laquelle j'avois rempli ses intentions, je lui envoyai copie de mon ordre du jour.

De retour à Paris, j'y restai dix-huit mois à demi-solde. Le ministre ayant proclamé hautement l'intention formelle d'organiser l'armée, et de placer les généraux suivant leur ancienneté, j'osois me flatter que, doyen des maréchaux-de-camp, j'allois bientôt reprendre mon activité, lorsque je reçus ma nomination de lieutenant du Roi à Perpignan par ordonnance en date du.....

Sentant combien cette nomination me plaçoit au-dessous du rang que je devois occuper, je voulus d'abord réclamer contre l'injustice d'une pareille mesure; j'ignorois que mon émigration à Gand, mes écrits, les preuves de dévouement que j'avois données au Roi, à la Famille royale, étoient autant de titres de proscription aux yeux du ministre et de ses bureaux, composés, en partie, des mêmes éléments que du temps de Buonaparte, même de celui de la révolution : aussi toutes mes réclamations furent-elles vaines; et, pour me contraindre à partir, M. Gentil Saint-Alphonse, qui connoissoit parfaitement ma position, qui savoit pertinemment que mon traitement étoit ma seule ressource pour faire subsister ma malheureuse et nombreuse famille, jugea-t-il, dans sa sagesse, devoir me priver de ma solde, et me réduire à la misère, jusqu'à ce que j'eusse promis d'obéir aux ordres du ministre, qui, non-seulement me déplaçoient, mais me faisoient perdre mon état, en me rayant de la liste des généraux en activité.

Alors on parloit beaucoup de la nomination du général Lauriston au ministère de la guerre; on dit même qu'elle eut lieu pendant quelques jours; j'allai le voir : il fut indigné de la manière dont j'étois traité, et me promit justice, si les bruits que l'on faisoit courir venoient à se confirmer : malheureusement pour moi ils ne se réalisèrent pas.

Réduit à sentir toutes les horreurs du besoin par les soins de M. le général Saint-Alphonse, voyant ma famille souffrir, ignorant toute l'étendue des chagrins auxquels j'allois être en butte par mes nouvelles fonctions, je me dévouai, et je partis. Je vis en passant mon lieutenant-général, M. le comte Parthouneaux, dont l'humanité, l'amabilité, la bonté et l'attachement à la cause du Roi, lui font aisément la conquête de tous ceux qui l'approchent. Pourquoi fallut-il que je fusse obligé de le quitter pour aller, sous les ordres de M. le maréchal-de-camp Vasserot, commandant le département des Pyrénées-Orientales, qui me fit sentir bien cruellement la différence de ma position, et m'abreuva de dégoûts de toute espèce, au point que le bruit de nos débats vint trois fois au ministère; en effet, pouvions-nous jamais être d'accord? J'avois tout sacrifié pour suivre mon Roi; M. Vasserot s'étoit armé contre lui (1).

J'osai concevoir quelque espérance, quand j'appris que M. de Latour-Foissac venoit d'être nommé pour prendre la place de M. Gentil Saint-Alphonse; j'avois été l'ami, le confident, le consolateur de son père: lorsque, pour sa reddition de Mantoue, il devenoit la victime de l'atroce décret de Buonaparte, c'est dans mon sein qu'il venoit épancher ses douleurs; et toujours dans la plus tendre amitié, il trouvoit les secours dont son âme froissée avoit tant de besoin: son fils, son aide-de-camp alors, n'avoit pu l'ignorer: il faut qu'il l'ait oublié pour n'avoir point employé tout son crédit, tous les droits que lui donnoit sa place auprès du ministre, à l'effet d'éclairer celui-ci sur l'injustice que l'on avoit fait éprouver

(1) M. Vasserot commandoit le département du Pas-de-Calais pendant les cent-jours, et avoit son quartier-général à Arras; il doit se souvenir de sa conduite avec M. Melchior de Latour-d'Auvergne, de l'époque à laquelle il a quitté son commandement, et des motifs.

à l'ami de son père, et sur la nécessité d'honorer sa présence au ministère en la réparant.

La seule faveur que je pus obtenir, fut celle d'un congé de trois mois : je vins à Paris. M. le lieutenant-général de Latour-Maubourg venoit d'être nommé ministre de la guerre; sa nomination avoit rendu l'espoir aux royalistes, toujours repoussés, toujours baffoués au ministère de la guerre, où les services rendus à Buonaparte étoient tout, et ceux rendus aux Bourbons n'étoient rien; où un chef, un sous-chef, un commis même, avoient l'audace de jeter du ridicule sur le voyage de la fidélité, dont ils étoient parvenus à faire un titre de proscription (1). Et c'est avec de pareils hommes, ou malgré de pareils hommes que le gouvernement des Bourbons s'est maintenu! Que de grâces ne devons-nous pas rendre à la Providence qui n'a cessé de veiller sur nos destinées, et de paralyser jusqu'aux effets des plus noirs et des plus épouvantables attentats! Mais revenons.

M. de Latour-Maubourg nommé ministre, je m'empressai de solliciter une audience particu-

(1) Le voyage de Gand étoit qualifié de *voyage sentimental*. Ce que la postérité aura peine à croire, c'est que le gouvernement du Roi a provoqué et fait rendre une ordonnance pour amnistier les fidèles qui avoient suivi leur Roi, lorsqu'une ordonnance antérieure leur promettoit des récompenses.

lière; j'espérois qu'un ministre, que l'on disoit royaliste, éclairé sur les circonstances particulières qui ont signalé mon dévouement, et répandu quelqu'éclat sur ma vie, s'empresseroit de me faire rendre justice et de me rétablir dans mes droits. La réponse de S. Ex. fut qu'elle ne pouvoit me recevoir, et elle me renvoya à son secrétaire particulier, à M. Heim, qui dit-on fut préfet à Avignon dans les cent-jours. (Particularité que j'ignorois alors.) En effet, mettre l'auteur de la *Réfutation d'un Soldat* entre les mains d'un préfet des cent-jours, cela n'avoit-il pas l'air d'une mauvaise plaisanterie? Arrivé au rendez-vous, ce monsieur eut l'impertinence « de me dire qu'il existoit contre moi des pré» ventions qui partoient du pavillon Marsan même.» Ignorant les droits que M. le préfet des cent-jours pouvoit avoir acquis à la confidence des Princes, je crus ne devoir à ce propos que le plus profond mépris, et je me bornai à tout attendre du temps.

Nommé, dans l'intervalle de mon congé à la lieutenance de roi de Besançon, j'eus, sous le Roi, l'humiliation d'aller commander une ville dans laquelle, sous Buonaparte, pendant trois mois, j'avois commandé la division. Il fallut pourtant me résigner et partir, ou avoir la douleur de voir ma famille dans le besoin. J'obtins de l'intérêt que me montroit M. Poupart (qui ne craignoit pas d'accueillir les royalistes), une prolongation d'un mois, avec traitement d'usage.

Pendant les six mois que je restai à Besançon, j'eus au moins l'avantage, bien consolant pour moi, d'y être sous les ordres d'un général de division dont les principes étoient les miens : même amour pour la cause de la légitimité; joignant à ces sentiments, hautement et franchement manifestés, l'art bien rare de se faire chérir de ses subordonnés autant que des autorités et des habitans. Partout où sera le lieutenant-général Castex, le Roi peut être sûr de voir son autorité respectée et adorée; de tels chefs sont rares! Aussi est-ce avec un vrai plaisir que je paie ici le tribut aux qualités qui distinguent M. le général Castex, comme un hommage rendu à la vérité, et comme un gage de ma reconnoissance pour les consolations que j'ai dues à l'amitié dont il a daigné m'honorer.

Au bout de six mois, je fus mis à la retraite sans l'avoir demandé; le ministre qui l'a prononcée, peut aujourd'hui, en lisant ces mémoires, voir quel ami de la monarchie il a frappé et réduit à la misère. M. de Latour-Maubourg n'a jamais voulu me connoître; s'il eût daigné m'entendre, il se seroit peut-être, intéressé à moi, et il eût reconnu que loin de mériter de perdre mon état, j'étois digne de récompenses, et que, pour m'en accorder, il ne falloit qu'être juste.

Je dois ici signaler une attention particulière de Messieurs des bureaux de la guerre, et que je soumets, comme le reste, à la sagacité du lecteur. Je passois pour royaliste ; ma retraite m'enlevoit toute espérance, et me réduisoit à la misère : aussi fut-ce le 25 août, au milieu des fêtes, que je reçus la lettre ministérielle (1) : la relater, c'est prouver à ces Messieurs que leur attention a été remarquée.

Je revins à Paris attendre ma retraite, qui, après plus de trente ans *de grade* de général, sans compter mes autres services, fut enfin fixée à 2,300 fr., dont 115 fr. pour les invalides. Et nous sommes sept pour partager la munificence ministérielle! Il est bon d'observer que 2,300 fr. ce n'est pas la retraite d'un colonel, dont le *maximum* est de 2,400 fr.

Quelque temps après, M. le marquis de Lauriston fut appelé au porte-feuille du ministère de la Maison du Roi; mon camarade de régiment, il avoit toujours été à même de me suivre dans ma carrière militaire et politique : rendant justice à mes principes, à mon dévouement, il m'honorait d'une vieille amitié, dont, dans toutes les

(1) Voir aux notes l'extrait du *Drapeau Blanc*, n° 10.

circonstances, il m'avoit donné des preuves. Indigné de me voir si maltraité, il fut le premier à m'offrir un secours mensuel sur la liste civile, de 1,200 fr., c'est-à-dire 100 fr. par mois; secours qui, par son généreux intérêt, m'a été continué jusqu'à ce jour. C'est le seul ami puissant et véritable que j'ai trouvé dans mes malheurs.

Enfin, un maréchal de France qui a suivi le Roi à Gand, M. le maréchal duc de Bellune, arrive au ministère. Je ne doute pas un moment que je n'aie trouvé un protecteur, un appui dans un royaliste franc et prononcé; je sollicite un rendez-vous : je l'obtiens, et porteur de mon ouvrage, je me rends au ministère. Le ministre, vraiment royaliste, aux yeux de qui des preuves de dévouement données au Roi et à la Famille sont des titres sacrés, m'écoute favorablement et me dit : « Soyez tranquille, Desperrières; je » suis là pour vous rendre justice; remettez-moi » un mémoire dans lequel soient relatés vos » services et vos droits. » Ensuite je lui parlai de mon ouvrage; je n'hésitai pas à lui rendre compte de ma conversation avec M. le maréchal Soult, que le lecteur a pu remarquer, dans cette troisième partie, de l'indignité que l'on m'avoit faite dans les bureaux de la guerre en le faisant copier; et le ministre me permit de lui laisser l'ouvrage pour l'examiner.

Quelque temps après, desirant justifier, aux yeux du ministre même, que j'étois digne des bontés dont S. Ex. paroissoit vouloir m'honorer, je lui écrivis pour demander un bataillon exempt de service pendant six semaines ou deux mois, afin de faire l'essai de mon système de manœuvres, et le lui montrer.

Le 1er mars 1822, le ministre m'autorisa à faire cet essai à Paris, et à m'adresser à M. le lieutenant-général Coutard pour m'en procurer les moyens (1). Malheureusement M. le général Coutard ne faisoit que d'arriver à sa division, et des troubles politiques, agitant Paris, lui rendoient nécessaires toutes ses troupes; il en avoit même demandé une augmentation. Je vis donc encore les bonnes dispositions de S. Ex. suspendues à mon égard. J'étois vraiment désespéré. J'écrivis à M. le lieutenant-général comte du Coëtlosquet, qui m'avoit manifesté de l'intérêt; j'en reçus une réponse flatteuse et consolante (2). Ne doutant plus alors de voir d'un moment à l'autre ma plus douce espérance réalisée, j'achetai un cheval pour être en mesure; ce qui augmenta mes dépenses. Le 8 avril, le chef d'état-major m'écrivit une lettre qui ajournoit la

(1) Voir aux notes la lettre du ministre de la guerre, n° 11.

(2) *Idem* la lettre de M. le colonel do Coëtlosquet, n° 12.

possibilité d'exécution (1). Enfin, arriva le mois d'octobre. M. du Coëtlosquet m'avoit dit que je serois envoyé à Soissons, où un régiment devoit arriver, et que je viendrois ensuite à Paris montrer le bataillon que j'aurois instruit. Je m'en étois entretenu avec le général Coutard, qui, desirant réparer autant qu'il étoit en lui le mal involontaire que les circonstances l'avoient forcé de me faire, écrivit, lui-même, une lettre au ministre de la guerre, pour solliciter l'autorisation de m'envoyer à Soissons (2). Le ministre répondit le 15 une lettre, dont le chef de l'état-major de la division me donna connoissance le 17 (3).

Ainsi furent indéfiniment ajournées les bonnes dispositions du maréchal duc de Bellune à mon égard, et les ordres de S. Ex. paralysés. Est-ce l'effet de la force majeure, ou le résultat de quelqu'intrigue sourde, dont j'ai si souvent été la victime? Je laisse au lecteur impartial le soin de prononcer. Ce qui est certain, c'est que la guerre d'Espagne ayant nécessité le départ de cent mille hommes de troupes pour la Pénin-

(1) Voir aux notes la lettre de M. le général baron de Gressot, chef d'état-major, n° 13.

(2) *Idem* la lettre du général Coutard à S. Ex. le ministre de la guerre, n° 14.

(3) *Idem* la lettre du chef d'état-major général baron de Gressot, n° 15.

sule, l'espoir le plus flatteur pour moi, celui de pouvoir faire l'essai de mon système sous les yeux du ministre, et, par suite, sous ceux des Princes, fut ajourné par l'absence des troupes.

Les événements d'Espagne présageoient de grands maux à l'Europe, s'ils n'étoient comprimés. La Régence, opposée aux principes révolutionnaires, venoit d'arborer l'étendard royaliste, et avoit envoyé à Paris M. de Balmaseda pour défendre ses intérêts auprès du Gouvernement français. Fatigué des injustices qui avoient entravé ma carrière et empoisonné ma vie, jaloux de mourir comme j'avois vécu, je recherchai M. Balmaseda, et je proposai par lui, à la Régence, de m'armer pour la cause de leur Roi prisonnier, et de lever en France une légion de six mille hommes. Pensant bien qu'il faudroit l'assentiment du Gouvernement français pour réaliser ce projet, j'écrivis au ministre de la guerre, le 29 octobre 1822, une lettre pour en demander l'autorisation, en cas de guerre de la part de la France, et, dans le cas contraire, celle *secrète* de passer au service de l'armée de la Foi (1). S. Ex. me répondit le 26 novembre qu'elle ne pouvoit acquiescer à ma proposition (2).

(1) Voir cette lettre aux notes, nº 16.

(2) Voir aux notes la lettre du ministre, nº 17.

Le Gouvernement paroissoit indécis s'il feroit ou ne feroit pas la guerre ; les libéraux n'en vouloient pas, et ils avoient leurs raisons pour cela ; les royalistes l'appeloient à grands cris, quand parut, dans le *Drapeau Blanc* du 18 décembre 1822, une lettre du général espagnol *Quesada* (1), laquelle m'inspira le desir de tranquilliser le Gouvernement français par des antécédens peu connus, à l'égard des inquiétudes que l'on vouloit lui donner sur les royalistes espagnols. En conséquence, j'écrivis le même jour une lettre au *Drapeau Blanc*, relative aux événements qui s'étoient passés sous mes yeux en 1792, *armée de la Moselle*, laquelle faisoit connoître les motifs qui avoient déterminé une armée toute royaliste à arrêter et combattre les Prussiens (2). Le lecteur a vu le développement de ces motifs dans la deuxième partie de cet ouvrage.

Le discours du Roi aux Chambres ne laisse plus aucun doute ; *le chef de l'auguste race des Bourbons* va seul se charger de tranquilliser l'Europe ; victime de la révolution, il va lui-même en comprimer les excès, et briser les fers d'un roi

(1) Voir aux notes cette lettre du général Quesada, extraite du *Drapeau Blanc*, n° 18.

(2) Voir aux notes copie de cette lettre, extraite du *Drapeau Blanc*, n° 19.

captif, de son parent; et couvrir son trône d'une gloire immortelle.

Dans la lutte qui alloit s'ouvrir, déjà je m'étois offert à la Régence pour soutenir la cause royale; j'avais sollicité du ministre *l'autorisation secrète* de passer en Espagne, et je ne pouvois soutenir l'idée de rester spectateur tranquille d'une guerre que j'avois osé provoquer par ma lettre au *Drapeau Blanc*. Je prends aussitôt la liberté d'écrire à ma digne protectrice, à celle dont les bienfaits n'ont cessé d'apporter un soulagement à ma position, de verser la consolation dans ma famille, à la fille de nos Rois, à S. A. R. *Madame*, et j'y joins une lettre pour son auguste époux (1). *Madame* daigne me faire faire réponse dès le lendemain, qu'elle a remis à *Monseigneur le mémoire que je lui ai adressé* (2). Cette auguste Princesse avoit la bonté d'accueillir en moi un serviteur fidèle et dévoué, dont la conduite ne s'étoit jamais démentie. L'espoir rentre dans mon âme; déjà je vois se dissiper comme une vaine fumée les effets d'une prévention suscitée par l'envie ou la haine : satisfait, je m'abandonne à la sécurité; le moindre doute m'auroit paru une foiblesse; douze jours se passent, et le 12 février (3),

(1) Voir les deux lettres aux notes, nos 20 et 21.

(2) Voir aux notes cette lettre, n° 22.

(3) Voir aux notes cette lettre, n° 23.

je reçois de M. le duc de Damas le refus de S. A. R. Mgr. le duc d'Angoulême, motivé *sur la détermination que le Prince a prise de ne point se mêler de la composition de l'armée.*

Anéanti, j'ai peine à croire à ce que je lis, et il ne me reste que la force de répondre à M. le duc de Damas (1).

Telle fut pour moi la douloureuse issue de mes soins et de mes démarches pour coopérer à une guerre que j'avois proclamée juste et nécessaire par mes écrits, dont j'aurois voulu partager les dangers au prix même de tout mon sang. Je me suis réduit à applaudir avec toute la France et toute l'Europe au courage de l'armée, et aux succès d'une campagne qui, couvrant de gloire le chef suprême et les soldats, peut et doit amener pour la monarchie *des avantages et des résultats incalculables.*

Cette réflexion seule put adoucir un instant l'amertume de ma position, et me consoler de l'inactivité à laquelle je me vis condamné à l'ouverture d'une campagne entreprise pour la gloire et la sûreté des Bourbons. Combien je les trouve heureux, ceux qui ont pu verser la dernière goutte de leur sang pour la cause sacrée de la légitimité! Mais lorsqu'entouré de ma nombreuse famille,

(1) Voir cette lettre aux notes, n° 24.

dont je suis la seule ressource, je sens, dans la perte de mon état injustement enlevé, l'impossibilité de soulager ses plus pressants besoins; lorsque je me vois privé du bonheur de servir une cause que j'aime, et pour laquelle j'ai tout sacrifié; lorsque je me vois éloigné de mon Roi : voilà, voilà pour moi le coup mortel!

Le lecteur impartial verra dans ces mémoires, écrits avec franchise, si je ne méritois pas un meilleur sort, et si j'ai tort quand je dis :

Ah! si le Roi le savoit!

NOTES.

(N° 1.)

MINISTÈRE
des Finances.

ARCHIVES
DE LA LIQUIDATION GÉNÉRALE.

Extrait du cinquième registre des procès-verbaux des séances de la commission de la comptabilité intermédiaire, page 76.

L'AN 9 de la république française, le 24 fructidor, les membres composant la commission de comptabilité intermédiaire et le chef du sécrétariat assemblés;

Sur le rapport du commissaire surveillant la première division, première section, relatif au citoyen Poissonnier, régisseur des transports militaires à l'armée de Rhin-et-Moselle, en vertu de son traité, du 4 vendémiaire an 4, avec l'agence des équipages des vivres, réclamant pour le temps de la durée de son service, du 15 vendémiaire au 30 pluviôse an 4, une somme de 5,314,777 livres 9 sous en capital numéraire, tant pour le service dans l'intérieur que pour celui qu'il a fait dans les pays conquis : la commission, vu le rapport et toutes les pièces à l'appui; vu le rapport fait en l'an 5 au ministre de la guerre par les agents des subsistances générales, dans lequel, sans avoir égard aux mercuriales fournies par les communes, ils proposoient d'appliquer au citoyen Poissonnier différentes décisions du ministre, par lesquelles la journée de cheval étoit uniformément fixée à 40 sous, et le prix de la voiture à quatre roues à 15 sous pour le service de l'intérieur;

Vu la déclaration du citoyen Poissonnier, du 19 du courant, portant qu'il n'est comptable sur aucune autre partie du service; qu'il n'est pas débiteur du Trésor public, et qu'il n'a pas reçu d'autres à-comptes que ceux portés dans son décompte;

Vu une autre déclaration du citoyen Mallet, en sa qualite d'associé et de fondé de pouvoirs du citoyen Poissonnier, du 23 du courant, portant qu'il n'est rien dû à aucun des voituriers, ni à aucune des communes mises en réquisition pour le service des transports faits à l'armée du Rhin, en vertu du traité passé avec l'agence des équipages des vivres, le 4 vendémiaire an 4; que les sommes qu'il réclame pour ce service lui appartiennent, et que, dans le cas où il y auroit quelques réclamations de la part de qui que ce soit, il s'oblige d'y répondre personnellement;

Vu le certificat du ministre de la guerre, en date du 18 fructidor dernier, portant que, depuis le 4 vendémiaire an 4 jusqu'au 30 pluviôse suivant, il n'a délivré aucune ordonnance au citoyen Poissonnier, ni compris aucune somme dans ses états décadaires;

Vérification faite sur les états fournis par la Trésorerie, de laquelle il résulte que le citoyen Poissonnier n'a reçu, pour raison de son service, aucune somme du Trésor public :

La commission, considérant que le citoyen Poissonnier rapporte des états de revues en bonne forme; que, par l'art. 16 de son marché, la représentation de ces revues, appuyées des certificats de fixation des municipalités, et visées d'un commissaire des guerres ou de toute autre autorité constituée, devoit opérer sa pleine et entière décharge;

Considérant que, dans le cas même où quelques-unes des communes qui ont été requises n'auroient pas été payées, la République ne court aucun danger, au moyen de l'obligation contractée par le citoyen Mallet, de satisfaire personnellement à toutes réclamations de cette nature;

Considérant, d'un autre côté, que les mercuriales fournies par les communes élèvent le prix de la journée de cheval et des voitures à un taux excessif, et que si le citoyen Poissonnier a payé quelques-unes de ses réquisitions au prix de ces mercuriales, il en a payé, de son aveu, un grand nombre à des prix inférieurs; que d'ailleurs le cinquième qui lui est accordé pour ses frais de régie suffira pour l'indemniser:

La commission prenant pour base les différentes décisions du ministre de la guerre, et notamment celle du 27 pluviôse de l'an 4, par lesquelles il a fixé, pour le service de l'intérieur, la journée de cheval à 40 sous, celle des voitures à deux roues à 10 sous, et des voitures à quatre roues à 15 sous; et la journée de cheval, pour le service des armées, à 3 livres, y compris la voiture, prix beaucoup plus avantageux pour la République que ceux des mercuriales;

Approuve la liquidation du citoyen Poissonnier pour la somme de 3,816,512 liv. 13 s. 1 d. en capital numéraire, laquelle sera réduite en rente à 5 pour 100, et portée sur les prochains états décadaires de la commission.

Pour copie conforme:

Le garde des archives de la liquidation générale,

TARDIF.

(N° 2.)

MINISTÈRE
des Finances.

ARCHIVES
DE LA LIQUIDATION GÉNÉRALE.

Extrait du cinquième registre des procès-verbaux des séances de la commission de la comptabilité intermédiaire, page 81.

L'an 9 de la république française, le 27 fructidor, les membres composant la commission de la comptabilité intermédiaire et le chef du secrétariat assemblés :

Sur l'observation faite par le commissaire surveillant la première division, qu'il existe une décision du ministre de la guerre, concernant la régie Mallet, laquelle paroît plus particulièrement applicable à la régie Poissonnier, que celles qui ont été produites, et qu'il est nécessaire d'en connoître les dispositions, parce qu'il pourroit en résulter quelque changement dans la liquidation de ce régisseur.

La commission arrête que l'insertion aux états décadaires de la liquidation faite en faveur du citoyen Poissonnier, par l'arrêté du 24 du présent mois, sera suspendue jusqu'à ce que la décision du ministre de la guerre, concernant la régie Mallet, ait été produite, sauf à statuer ensuite ce qu'il appartiendra.

Pour copie conforme,

Le garde des archives de la liquidation générale,

TARDIF.

(N° 3.)

MINISTÈRE
des Finances.

ARCHIVES
DE LA LIQUIDATION GÉNÉRALE.

Extrait du cinquième registre des procès-verbaux des séances de la commission de la comptabilité intermédiaire, page 96.

L'an 10 de la république française, le 9 vendémaire, les membres composant la commission de la comptabilité intermédiaire et le chef du secrétariat assemblés :

Sur un nouveau rapport du commissaire surveillant la première division, première section, relatif à la réclamation du citoyen Philippe Poissonnier, régisseur des transports militaires à l'armée de Rhin-et-Moselle, sur laquelle réclamation ont été prises les décisions des 24 et 27 du mois de fructidor dernier, la commission, vu le nouveau rapport, ensemble ses deux décisions précitées; vu celles du ministre de la guerre des 22 prairial, 6 fructidor an IV et 1er messidor an VI, concernant la liquidation du citoyen Mallet, régisseur des transports à l'armée de l'Océan, division de l'Est;

Considérant que le ministre de la guerre, en fixant, pour le service de l'intérieur, le prix des journées de cheval à 40 sous, et celui des journées des voitures à 15 sous, a constamment rejeté la prime du cinquième en sus des prix fixés, réclamée par le citoyen Mallet pour ses frais de régie;

Considérant que la commission, en prenant pour bases de la liquidation Poissonnier, qui est entièrement semblable à celle de la compagnie Mallet, les décisions du ministre de la guerre ci-dessus relatées, ne peut ni les étendre ni les modifier; arrête : La liquidation du citoyen Poissonnier, fixée par l'arrêté de la commission du 24 fructidor dernier, *à la somme de trois millions huit cent seize mille cinq cent douze livres treize sous un denier*, demeure définitivement réduite à celle de TROIS MILLIONS CENT SOIXANTE-QUATRE MILLE DIX-NEUF LIVRES UN SOU, au moyen du rejet de six cent cinquante-deux mille quatre cent quatre-vingt-douze mille livres douze sous qui lui avoient été accordés par le susdit arrêté du 24 fructidor, pour la prime en dehors du cinquième que le ministre avoit également rejetée de la liquidation Mallet; le tout y compris 8 sous par journée de chacun des chevaux employés pour le service de l'intérieur, et 12 sous aussi pour chacun des chevaux employés à l'armée; et ce, pour tenir lieu à la compagnie Poissonnier de ses frais de régie.

La présente liquidation, réduite à la susdite somme de TROIS MILLIONS CENT SOIXANTE-QUATRE MILLE DIX-NEUF LIVRES UN SOU, sera réduite en rente à 5 pour 100, et portée sur l'un des prochains états décadaires de la commission. En conséquence, les dispositions de l'arrêté du 24 fructidor sont rapportées en ce qu'elles peuvent avoir de contraire à celles ci-dessus.

Pour copie conforme :

Le garde des archives de la liquidation générale,

TARDIF.

(N° 4.)

MINISTÈRE
des Finances.

ARCHIVES
DE LA LIQUIDATION GÉNÉRALE.

Extrait du cinquième registre des procès-verbaux des séances de la commission de la comptabilité intermédiaire, folio 99.

L'an 10 de la république française, le 11 vendémiaire, les membres composant la commission de la comptabilité intermédiaire et le chef du secrétariat assemblés;

En exécution des décisions des 6 et 9 de ce mois, les liquidations des c..... ci-après sont arrêtées comme suit:

. . . .

. . . .

Poissonnier, de Paris, c^{al}. 3,194,019 fr. 1 s. 1 d. rentes.
Rentes — 158,208 fr. 19 s. »

. . . .

Pour copie conforme:

Le garde des archives de la liquidation générale,

TARDIF.

(N° 5.)

Lettre du ministre des finances à la commission intermédiaire.

J'ai fait examiner, citoyens, les pièces à l'appui de la créance du citoyen Poissonnier, qui a été chargé depuis le

1er vendémiaire an 4 jusqu'au 30 prairial, de l'entreprise des transports des vivres, liquides, fourrages, bois et lumières, effets de campement et équipement sur tous les points parcourus pendant cet intervalle, par l'armée du Rhin. Ces pièces ont été trouvées dans la forme la plus régulière et la plus authentique; et il ne reste plus le moindre doute sur la légitimité et sur la quotité de cette créance liquidée à 158,200 fr. 19 sous de rente. En conséquence, et par décision du 24 du mois dernier, j'ai arrêté qu'elle seroit maintenue telle que vous l'avez portée sous le n° 4975 de votre cent soixantième état décadaire : ainsi, vous n'aurez point à le reporter sur un nouvel état.

Je vous en donne avis, citoyens, et vous fais passer en même temps le dossier des pièces relatives à cette créance, que vous m'avez transmis le 9 du mois dernier; vous y trouverez l'expédition des différents rapports qui vous ont été soumis sur cette affaire, celle de votre arrêté de liquidation du 11 vendémiaire an 10, enfin, l'inventaire sommaire de toutes ces pièces.

Je vous salue.

Signé, GAUDIN.

(N° 6.)

Extrait de la Gazette de France, *du 27 avril* 1814.

Le général Desperrières a été présenté lundi dernier à *Monsieur* par M. le duc de Maillé. Le général Desperrières, colonel de Vintimille, en 1792, dans la fameuse journée du 20 juin de la même année, couvrit Louis XVI de son corps, lorsqu'une populace égarée et furieuse força le château des Tuileries. Dans la même journée, il eut l'honneur d'être choisi par la Reine pour garder et tenir dans ses bras le Dauphin, lorsque les jours de ce jeune Prince étoient menacés par des brigands. *Monsieur* a fait l'accueil le plus flatteur au général Desperrières, et lui a rappelé lui-même le trait honorable que nous venons de rapporter : quelques mots échappés de l'âme royale de *Monsieur* sont la plus belle et la plus noble récompense que puisse obtenir un officier français.

(N° 7.)

Extrait de la cérémonie qui a eu lieu le 15 de ce mois pour la distribution de la décoration de l'ordre du Lis, faite à MM. les officiers de la garde nationale de Rouen par M. le général Desperrières, *délégué à cet effet par Mgr. le duc* DE BERRI.

Hier dimanche, à onze heures du matin, MM. les officiers de la garde nationale ayant été réunis sur la place Saint-Ouen par ordre de M. le général de brigade Lemoyne, chevalier de l'ordre royal et militaire de Saint-Louis, chef de la première légion, M. le général Desperrières leur a fait connoître qu'il étoit délégué par S. A. R. Mgr. le duc de Berri pour remettre de sa part à ceux d'entre eux qui avoient eu l'honneur de former sa garde à pied, lors de son passage en cette ville, la décoration de l'ordre du Lis, dont ils avoient précédemment supplié S. A. R. de les honorer; qu'en conséquence, il alloit procéder à cette distribution.

Des détachemens de la garde nationale, commandés à cet effet, ayant formé le carré, et MM. les officiers ayant été placés au centre, M. le général Desperrières a prononcé le discours suivant :

Messieurs de la garde nationale,

Après vingt-cinq ans d'une révolution qui a déchiré la France et ébranlé tous les États de l'Europe, la France est rendue à son Roi légitime; l'Europe touchant au terme de ses longues agitations, voit succéder une paix durable à une guerre perpétuelle.

Les mœurs à la licence;

La concorde des nations à ces haines invétérées et trop souvent méritées;

La libre circulation des produits de notre sol et de notre industrie au blocus de nos ports;

Une sage et généreuse économie à cette folle prodigalité qui dévoroit en un jour les ressources d'une année;

Une fidélité religieuse dans les transactions du gouvernement à ces mesures désastreuses qui payoient les créanciers de l'Etat par un décret d'arriéré;

L'indépendance des tribunaux à l'influence criminelle qu'exerçoit auprès d'eux, en matière politique, un homme qui regardoit comme une trahison la plus légitime résistance;

La stabilité d'un gouvernement paternel appuyé sur huit cents ans de monarchie pure, de lois équitables, aux oscillations d'un gouvernement naissant et tyrannique, toujours prêt à saper ces anciennes institutions, fruit de l'expérience et de la sagesse des siècles :

Tels sont, Messieurs, les bienfaits que nous promet cette illustre famille, qui nous offre pour garans Saint-Louis, modèle de justice et de piété;

Louis XII, père du peuple;

François Ier, restaurateur des lettres;

Henri IV, dont le nom seul réveille au cœur et à l'imagination ce que le courage a de plus noble, la galanterie de plus aimable, la bonté de plus touchant;

Louis XIV, qui a su placer son siècle parmi les plus beaux siècles de gloire;

Enfin, Louis XVI, qui semble compléter les vertus de cette illustre maison, en nous y offrant un *martyr.*

Jaloux d'éterniser le souvenir de l'époque mémorable qui a rendu à ses vœux et à son amour une nation qui a caché ses erreurs sous tant de lauriers, Louis XVIII a créé l'ordre des *Chevaliers du Lis;* et l'auguste fils du lieutenant-général du royaume, Mgr. le duc de Berri, le cœur encore tout ému de l'accueil touchant qu'il a reçu dans la bonne ville de Rouen, a voulu qu'elle fût une des premières à jouir de ce bienfait.

Quatre-vingts décorations ont été décernées à la garde nationale de Rouen; et, comme pour effacer jusqu'aux traces de mon exil, S. A. R., par une bonté touchante, m'a chargé du soin honorable de les distribuer.

Braves et fidèles Normands! ce Lis, constamment placé sur votre cœur, vous dira à la fois ce qu'il vous promet de bonheur, et ce que vous lui devez de dévouement. Il seroit indigne de le porter celui qui ne seroit pas prêt à verser jusqu'à la dernière goutte de son sang pour cette belle cause que le Ciel a si miraculeusement protégée, et qu'il confie aujourd'hui à votre courage et à votre amour.

Pénétrés de la sainteté de ce devoir, chevaliers, répétez tous avec moi :

« Je jure de rester toujours fidèle à la constitution que » Louis XVIII a promise à la nation; de défendre jusqu'à » la dernière goutte de mon sang les droits et les préroga-

» tives du trône, et de mourir, s'il est nécessaire, en criant : » *Vive le Roi! vivent les Bourbons!* »

Après ce discours, qui a été couvert des acclamations réitérées de *vive le Roi! vivent les Bourbons! vive Mgr. le duc de Berri!* M. le général Desperrières a fait, de la manière affectueuse qui le caractérise, la remise de la décoration à chacun de MM. les officiers appelés par ses ordres, et qui, après avoir prêté le serment en la formule précédente, l'ont tous individuellement signé.

Après le défilé de la parade devant MM. les généraux Desperrières, de Stabenrath, commandant le département; le colonel Christophe, commandant le régiment des cuirassiers du Roi; de Beauzée, inspecteur aux revues; Remy-Taillefesse et Elie Lefebure, adjoints de la mairie, qui tous avoient assisté à la distribution des décorations, le cortége s'est rendu dans l'église de Saint-Ouen, où une messe militaire a été célébrée.

A la fin de la messe, et après le *Domine salvum fac Regem*, le drapeau de la légion de la garde nationale a été présenté à la bénédiction, qui lui a été donnée par M. le curé de Saint-Ouen.

Pendant toute cette journée, M. le général Desperrières n'a cessé de recueillir les expressions d'amour, de respect pour S. M. Louis-le-Desiré, et de reconnoissance de MM. les officiers pour le témoignage insigne des grâces de S. A. R. Mgr. le duc de Berri, qu'il venoit de leur être si agréable de recevoir par les mains d'un officier supérieur auquel un long exil en cette ville les avoit dès long-temps mis à même d'accorder toute leur estime.

(N° 8.)

MINISTÈRE de la Guerre.

3e DIRECTION.

5e BUREAU. Dépôt de la guerre.

Lettre de M. le maréchal Gouvion-Saint-Cyr, ministre de la guerre.

Paris, le 12 mars 1818.

Général, j'ai reçu la lettre que vous m'avez fait l'honneur de m'écrire le 19 février dernier; je regrette de nouveau de ne pouvoir vous accorder l'entretien que vous me demandez.

J'ai fait rechercher l'ouvrage que vous réclamez, et je vous préviens qu'il étoit au dépôt de la guerre, et qu'il vous sera remis aussitôt que vous le jugerez convenable. J'ai donné des ordres à cet effet à M. le colonel Muriel, à qui vous pourrez vous adresser pour le faire reprendre.

J'ai l'honneur d'être, etc.

GOUVION-SAINT-CYR.

(N° 9.)

Extrait du Véridique, *du département de l'Hérault, du 4 août* 1816.

Le maréchal-de-camp Desperrières, commandant le département de l'Hérault, vient d'être chargé de commander le département de la Lozère. Il ne fait que changer de résidence; il est toujours employé dans la neuvième division militaire.

Ce brave et fidèle général s'est concilié l'estime et la confiance publiques; la fermeté de ses principes, le zèle qu'il a montré dans ses fonctions, les sentiments qui l'animent et qui le dirigent pour la cause sacrée du trône et des Bourbons, sont, aux yeux des habitants de ces contrées, des motifs d'attachement qui ne diminueront jamais; il part accompagné des vœux sincères que font pour sa conservation tous ceux qui ont le bonheur de le connoître.

(N° 10.)

Extrait du Drapeau Blanc, *du 5 septembre* 1821.

On nous écrit de Besançon:

On a célébré ici la Saint-Louis, cette fête des Bourbons, avec la plus grande pompe. A la suite des augustes cérémonies religieuses et des réjouissances publiques, un grand nombre de militaires de tous grades, de citoyens et de fonctionnaires, tous amis et serviteurs des Bourbons, se sont réunis en un banquet; on y a porté les toasts suivants:

M. de Santans, maire de la ville,

« Au meilleur des Rois: puissent ses vertus nous servir de modèle, ramener en France la paix et l'union, objet de ses plus constantes espérances! »

M. de Chastenai, colonel d'état-major de la division,

« A la famille royale et au duc de Bordeaux! »

M. le général Desperrières, qui avoit reçu le même jour *l'ordre de sa retraite*, s'est levé, a demandé un dernier toast, et s'est exprimé en ces termes:

« Messieurs, j'ai l'honneur de vous proposer un toast qui doit être cher à tous les Français, et surtout aux preux chevaliers (tous les convives étoient décorés): c'est celui de l'héroïne de Bordeaux, martyr vivant de la révolution; c'est celui de la fille de nos Rois, qui n'a connu l'existence que pour connoître le malheur, dont la vie n'a cessé d'être abreuvée d'amertume: puissent notre amour et notre dévouement, contribuant à sa félicité future, lui faire oublier de trop justes douleurs! à MADAME! »

Ces paroles, prononcées avec âme, ont produit la plus vive émotion dans l'assemblée.

Cette fête s'est terminée par une collecte pour les pauvres, à la demande de M. de Vasselières.

Nous le répétons avec douleur: M. le général Desperrières, lieutenant de Roi à Besançon, vient d'être mis à la retraite. Bien que jeune encore, M. Desperrières est un des plus anciens officiers-généraux de France. La vigueur de son caractère, son activité infatigable, son dévouement éprouvé; de plus, les glorieux faits d'armes qui honorent sa carrière militaire; et ce 20 juin surtout, de déplorable mémoire, où il couvrit de son corps la Famille royale: tous ces titres à l'affection des royalistes nous avoient fait espérer qu'on le laisseroit long-temps encore dans les rangs de l'armée active.

(N° 11.)

MINISTÈRE de la Guerre.

DIRECTION générale du personnel.

BUREAU de l'infanterie.

SECTION de l'inspection.

Lettre du Ministre de la guerre.

Paris, le 1er mars 1822.

Général, j'ai reçu la lettre que vous m'avez fait l'honneur de m'écrire le 12 de ce mois, pour demander à faire l'essai du système d'instruction développé dans votre ouvrage, sur les exercices et les manœuvres de l'infanterie.

Je vous autorise à faire dès à présent cet essai à Paris, et je vous engage à vous adresser, en conséquence, à M. le lieutenant-général comte de Coutard, qui vous en procurera les moyens, autant que les convenances du service le permettront.

J'ai l'honneur d'être, etc.

Le maréchal, ministre secrétaire d'État de la guerre,

DE BELLUNE.

(N° 12.)

MINISTÈRE de la Guerre.

Lettre de M. le comte du Coëtlosquet.

Paris, le 9 mars 1822.

MON GÉNÉRAL,

Votre lettre du 5 mars m'est parvenue. Je conçois toute l'impatience que vous éprouvez de ne pouvoir commencer de suite l'essai du système d'instruction que vous proposez : cependant vous devez croire que vos efforts sont appréciés, et que S. Ex. ne voit pas sans intérêt tout ce que vous faites pour un but aussi utile. Le ministre a dû différer l'exécution des ordres donnés; mais vous ne devez voir dans ce retard qu'un effet de circonstances qui ne permettent pas d'agir; dès que cela se pourra, il n'est pas douteux que vous recevrez des ordres qui seconderont vos desirs.

J'ai l'honneur d'être, etc.

Le lieutenant-général, directeur-général du personnel de la guerre,

Comte DU COETLOSQUET.

(N° 13.)

Lettre de M. le général baron de Gressot, chef d'état-major, à Paris.

Paris, le 8 avril 1822.

MON GÉNÉRAL,

Vous avez demandé dernièrement qu'il soit mis à votre disposition, pendant six semaines, un bataillon complet qui seroit dispensé de service, pour faire l'essai du système que vous avez créé sur le mode d'instruction des troupes d'infanterie.

L'état de la garnison de Paris étoit alors, comme à présent, à peine suffisant pour assurer le service obligé de la place; et dans cet état de choses, le lieutenant-général a cru devoir entretenir le ministre secrétaire d'Etat de la guerre, des obstacles insurmontables qui s'opposoient au succès de votre demande.

S. Ex. en a reconnu l'importance, et je suis chargé d'avoir l'honneur de vous prévenir qu'elle a jugé convenable d'ajourner toute disposition à cet égard.

Je suis, etc.

Le maréchal-de-camp, chef d'état-major-général,
BARON DE GRESSOT.

(N° 14.)

MINISTÈRE de la Guerre.

BUREAU de l'inspection.

Lettre du lieutenant-général Coutard, à S. Ex. le ministre de la guerre, en date du 3 octobre 1822.

MONSIEUR LE MARÉCHAL,

Le 1er mars dernier, V. Ex. m'a autorisé à mettre à la disposition de M. le maréchal-de-camp Desperrières un bataillon d'infanterie de la garnison de Paris, pour faire l'essai du système qu'il a créé sur le mode d'instruction des troupes ; cette mesure ne pouvant se concilier avec les convenances et le bien du service, V. Ex., sur mes observations, me fit connoître, le 5 avril suivant, qu'elle ajournoit l'exécution de ce projet; aujourd'hui que deux bataillons du 22e régiment d'infanterie de ligne se trouvent réunis à Soissons, M. le général Desperrières pourroit se rendre en cette ville, et employer, pendant le reste de la belle saison, un de ces bataillons pour faire l'essai de son système.

Si V. Ex. partage cet avis, je la prie de me donner des ordres en conséquence.

Je suis, etc.

Comte DE COUTARD.

(N° 15.)

Lettre du chef d'état-major-général, baron Gressot.

Paris, le 17 octobre 1822.

MON GÉNÉRAL,

Le ministre secrétaire d'Etat de la guerre, par sa dépêche du 15 de ce mois, charge le lieutenant-général de vous faire connoître que l'essai du système que vous avez créé sur le mode d'instruction des troupes d'infanterie, doit encore être ajourné; cette disposition est motivée sur les pertes que les troupes stationnées dans la division viennent d'éprouver par suite des revues générales d'inspection : circonstance qui ne permet pas de détourner la moindre partie des troupes de leur service habituel.

J'ai l'honneur d'être, etc.

Le maréchal-de-camp, chef d'état-major-général

Baron DE GRESSOT.

(N° 16.)

Lettre à S. Ex. M. le maréchal duc de Bellune, ministre de la guerre.

Monseigneur,

Sans prétendre m'immiscer dans les grands intérêts sur lesquels le gouvernement a seul le droit de prononcer, dans le cas où il se décideroit pour la guerre avec l'Espagne, j'ose soumettre à V. Ex. la proposition de lever une légion en France pour la légitimité, la défense de la dynastie des Bourbons, et pour seconder les efforts de l'armée de la Foi.

Cette légion seroit composée de troupes de différentes armes : infanterie légère, infanterie de ligne, cavalerie légère, grosse cavalerie et artillerie volante.

Les frais d'engagement, d'habillement, d'équipement, de remonte et de solde, jusqu'à son entrée en Espagne, seroient à la charge du gouvernement royal d'Espagne (Régence), et à cet effet des *commissaires agréés* seroient attachés à cette légion, en qualité de membres nés du conseil d'administration, pour constater et régler les dépenses.

Sous un mois de l'adhésion du gouvernement français, le général soussigné sera tenu de fournir les cautions nécessaires à l'exécution du présent engagement.

Le plan d'organisation de cette légion sera soumis par le général soussigné à V. Ex., pour être par elle approuvé et arrêté définitivement.

Les officiers, sous-officiers, cavaliers, soldats et artilleurs seront pris parmi les individus en retraite, en réforme ou en congé, ou en disponibilité pour la classe de MM. les officiers.

Il sera interdit au général soussigné, commandant cette légion, de prendre des officiers ni des sous-officiers dans l'armée active, si ce n'est sur la demande de ces derniers, et sous l'autorisation spéciale de V. Ex.

Si les circonstances exigent que, pour activer la levée de cette légion, le gouvernement vienne à aider de ses magasins, soit pour habillement, soit pour équipement, les bons signés par les conseils d'administration des différentes armes, visés du général, et par les cautions acceptées, seront délivrés en échange desdits effets, pour en être compté plus tard.

L'armement des différentes armes et l'artillerie seront pris dans les magasins et arsenaux français, et prêtés par le gouvernement, sur récépissés du général soussigné, arrêtés par les commissaires des cautions reconnues.

Trois dépôts, frontières d'Espagne, seront accordés par le gouvernement français pour la réunion des troupes nécessaires à l'organisation de la légion; et V. Ex. daignera consentir à donner ses ordres pour faciliter toutes les opérations qui y seront relatives.

Quant à MM. les officiers qui se présenteront pour faire partie de la légion, comme le choix n'en est pas indifférent, en raison des principes que cette légion est appelée à défendre, et de ceux qu'elle est destinée à combattre, le général soussigné réclame des bontés de V. Ex. qu'elle veuille bien donner les instructions nécessaires pour que, par suite de la communication des notes, sa religion puisse être éclairée sur le choix à faire de ceux qui se présenteront.

De l'avantage qui ne peut manquer de résulter, soit pour l'Espagne, soit pour la France, en cas de guerre, de l'organisation de cette légion.

La France, entrant en campagne contre les libéraux d'Espagne, pour rendre la paix à ce malheureux pays, et étouffer le principe révolutionnaire à la veille d'embraser l'Europe, se trouvera renforcée et soutenue d'un corps de cinq ou six mille braves aguerris, confiés à des officiers choisis, dont la levée, l'organisation et le recrutement ne seront point à sa charge.

De plus, ce sera un écoulement politique et même utile de ces braves, ivres de gloire, nourris dans les combats, au caractère desquels le gouvernement paternel de notre Roi ne peut offrir la carrière d'ambition qui les dévore.

Quant à l'armée de la Foi, à cette armée fidèle, défenseur de la Religion, du trône, des principes et de la légitimité, dont l'existence prolongée atteste l'opinion nationale, ce sera un renfort précieux, dont elle ne peut manquer de ressentir bientôt les heureux effets.

Si cette proposition, Monseigneur, est acceptée ostensiblement, et vient à l'appui d'une déclaration de guerre, deux mois suffisent, du moment où les bases en seront arrêtées, pour l'organisation de cette légion.

Dans le cas où le gouvernement croiroit, par suite de raisons d'état ou de politique qu'il ne m'appartient ni d'approfondir, ni de combattre, ne pas déclarer la guerre en ce moment, j'ose solliciter des bontés de V. Ex. *l'autorisation secrète* de passer en Espagne, au service de l'armée de la Foi, avec les officiers en non activité, qui voudront partager ma fortune, et mourir pour la défense des principes et des Bourbons. V. Ex. a daigné me dire « *que j'avois encore*

» *quinze ans de bons services à rendre ;* » et puisque, malgré mes actions de guerre, mon instruction et les preuves de mon dévouement, je ne puis être appelé à l'honneur de servir mon Roi et son auguste dynastie, qu'il me soit au moins permis de mourir pour un Bourbon!

J'ai l'honneur d'être, etc.

DESPERRIÈRES,

Maréchal-de-camp, mis en retraite par l'ancien ministère.

Paris, ce 29 octobre 1822.

(N° 17.)

MINISTÈRE de la Guerre. — DIRECTION générale du personnel.	*Lettre du ministre de la guerre.*	BUREAU de la correspondance générale et du mouvement. — SECTION de la correspondance générale.

Paris, le 26 novembre 1822.

MONSIEUR,

J'ai reçu la lettre que vous m'avez fait l'honneur de m'écrire pour me faire part du plan d'organisation d'une légion que vous vous proposeriez de lever comme troupe auxiliaire de l'armée de la Foi, et dont vous auriez le commandement et la direction; je regrette de ne pouvoir en aucune manière donner mon assentiment à ce projet, ni adopter les propositions qu'il renferme.

J'ai l'honneur d'être, etc.

Le maréchal, ministre secrétaire d'État de la guerre,

DE BELLUNE.

(N° 18.)

Extrait du Drapeau Blanc. *Lettre du général Quesada.*

AU RÉDACTEUR.

Paris, le 15 décembre 1822.

MONSIEUR,

J'apprends que plusieurs personnes prétendoient m'avoir entendu dire que le jour où l'armée française entreroit en Espagne, les royalistes s'uniroient aux révolutionnaires pour les repousser. Ceux qui me font parler ainsi ne connoissent pas les royalistes espagnols. Les royalistes d'Espagne sont unis aux royalistes de France, autant que les libéraux de France le sont aux libéraux d'Espagne; et de même que les cortès ne refuseroient pas les secours de la Convention, si elle existoit encore en France; de même, nous sujets d'un Bourbon, nous ne refuserions pas les secours d'un Roi de France, chef de cette auguste race. Nous serions heureux, au contraire, de voir le drapeau blanc paroître comme signe de délivrance dans les mêmes lieux où le drapeau tricolore flottoit pour nous asservir.

Un Bourbon réparera les maux que nous a faits Buonaparte, et c'est sous des arcs de triomphe qu'une armée royaliste de France passera pour se rendre à Madrid. La population entière se souleveroit pour s'unir aux Français, et la nouvelle de son approche seroit un coup électrique dans toutes nos provinces. Nous n'avons point refusé contre Buonaparte le secours des Anglais et des Portugais; comment repousserions-nous le secours des Français, nos alliés naturels, pour détruire la révolution? Si les Catalans, les Arragonais, les Navarrois sont étonnés de quelque chose, c'est d'attendre encore les Français.

J'ai l'honneur d'être, etc.

Le général QUESADA.

(N° 19.)

Extrait du Drapeau Blanc. *Lettre de moi.*

AU RÉDACTEUR.

Paris, le 18 décembre 1822.

MONSIEUR,

C'est avec un bien vif intérêt que j'ai lu dans votre numéro d'hier la lettre que le général Quesada vous a écrite le 15 du courant; cette lettre, courte et précise, répond d'une manière triomphante à toutes les assertions mises en avant jusqu'à ce jour par MM. les libéraux.

En effet, comment présumer que les royalistes d'Espagne s'uniroient aux constitutionnels pour nous repousser, si les armées du Roi entroient dans la Péninsule pour y combattre et y museler l'hydre révolutionnaire? ce seroit supposer que tous les Espagnols sont d'accord pour accueillir et soutenir cette innovation produite par la trahison et la révolte. L'expérience n'a que trop prouvé l'évidence du contraire. Peut-être alléguera-t-on la conduite de la France en 1792, et la réunion de toutes les opinions pour repousser les étrangers des plaines de Champagne; j'y étois, Monsieur, et peux vous en parler pertinemment. Les Prussiens ont été effectivement arrêtés par la petite armée de Kellermann, presque toute royaliste; car il n'y avoit pas un vingtième qui ne le fût : il fut aisé d'en juger par la pétition des colonels, et par la manière dont le serment de *liberté* et d'*égalité* fut reçu, quand il fut apporté par les commissaires de la Convention, après le 10 août. Les grenadiers répondirent : *Point de Roi, point de grenadiers; vive le Roi*! et l'armée : *Point de Roi, point de grenadiers; point de grenadiers, point de soldats; vive le Roi!* Si M. le maréchal Luckner eût voulu profiter de cet enthousiasme; s'il eût eu le caractère et l'énergie nécessaires pour en profiter, peut-être, au lieu de mourir sur un échafaud, se seroit-il couvert d'une gloire immortelle : la France eût évité bien des malheurs, et n'auroit pas à déplorer le plus grand de tous les crimes.

C'est cependant cette même armée, me dira-t-on, qui a arrêté les Prussiens. C'est vrai; mais ce qu'on dissimule, mais ce que l'histoire signalera, c'est la faute impardonnable que firent les puissances étrangères en arborant les drapeaux autrichiens sur les places du Nord, et les drapeaux prussiens sur les remparts de Longwy et de Verdun. Alors il parut démontré à l'armée française, toute royaliste qu'elle étoit, que la cause de son Roi étoit écartée; que le projet des puissances étoit de nous *pologniser*, et qu'il étoit de son devoir d'être française avant tout. Les conséquences en sont connues; mais ici les circonstances sont bien différentes. Ce ne seroit point pour empiéter sur le territoire d'Espagne, pour le morceler ou le conquérir, que le Roi de France enverroit ses armées. *Chef de l'auguste race des Bourbons*, c'est au secours d'un des membres de sa famille, pour l'aider à rendre la paix et le calme à ce malheureux pays, que les Français, *alliés naturels* des Espagnols, entreroient en Espagne. A quel titre donc les royalistes d'Espagne s'uniroient-ils pour nous combattre? Ces assertions sont tellement fausses et dénuées de fondement, que l'on ne conçoit pas comment elles ont pu un seul moment trouver le moindre accès dans l'esprit de nos gouvernants.

L'Espagne est en feu ; elle est livrée à toutes les horreurs d'une démagogie effrénée ; la partie saine de la nation est comprimée par la terreur ; elle tend ses bras vers nous ; n'irons-nous pas à son secours ? Attendrons-nous que le crime ait organisé toutes ses infernales ressources, qu'il ait mis la dernière main à tous ses attentats ?

La preuve la plus certaine qu'il est du devoir de la France d'entrer en Espagne, c'est que les libéraux le redoutent. Cette considération sera l'objet d'une deuxième lettre.

J'ai l'honneur, etc.

DESPERRIÈRES,
Maréchal-de-camp.

(N° 20.)

Lettre à S. A. R. MADAME.

Paris, le 29 janvier 1823.

MADAME,

J'ai l'honneur d'adresser à V. A. R. ma requête près de son illustre époux. MADAME reconnaîtra les sentiments qui m'ont toujours animé : mes vœux seront exaucés, si S. A. R. daigne l'appuyer de deux mots favorables ; ce sera m'arracher à ma cruelle position, et donner un général fidèle et dévoué à S. A. R. Mgr. le duc d'Angoulême.

J'ai l'honneur d'être, etc.

Le maréchal-de-camp,
DESPERRIÈRES.

(N° 21.)

Lettre à S. A. R. Mgr. le duc d'Angoulême.

MONSEIGNEUR,

La plus belle gloire appelle V. A. R. en Espagne. Un descendant de Henri IV va rétablir un Bourbon sur son trône. C'est la guerre de l'ordre et de la justice contre la révolte.

Les amis de la légitimité et de la monarchie, les royalistes s'empressent autour de V. A. R., et sollicitent tous avec ardeur l'honneur de la seconder, ou de mourir pour la cause qu'ils ont toujours aimée.

J'ose supplier V. A. R. de permettre qu'au milieu d'eux je fasse entendre ma voix. Mes droits, pour être écouté favorablement, sont mes antécédents. L'ancien colonel de Vintimille, dont la conduite n'a jamais démenti l'acte heureux qui illustra sa vie, aura-t-il la douleur de voir ses services dédaignés? Non, Monseigneur; V. A. R. ne fera pas cet affront à celui qui a couvert Louis XVI de son corps, et qui a été assez heureux pour contribuer à la sûreté de votre illustre famille, en forçant l'armement du Château (le 13 mars 1815). L'heure du dévouement a sonné : V. A. R. doit être environnée des plus dévoués, et j'ose la supplier de ne pas repousser mes vœux : ce sont ceux d'un vrai fidèle.

J'ai l'honneur d'être, etc.

DESPERRIÈRES.

Paris, le 29 janvier 1823.

(N° 22.)

Lettre de M. Charlet.

Paris, le 1er février 1823.

Le Secrétaire des commandements, et Trésorier-général de S. A. R. MADAME, Duchesse d'Angoulême,

A Monsieur le général Desperrières.

MONSIEUR,

J'ai l'honneur de vous informer, d'après les ordres de MADAME, qu'elle a remis à Monseigneur le mémoire que vous lui avez adressé pour S. A. R.

Je profite de cette circonstance pour vous renouveler, Monsieur, l'assurance de la considération distinguée avec laquelle j'ai l'honneur d'être, etc.

TH. CHARLET.

(N° 23.)

Lettre de M. le duc de Damas.

Aux Tuileries, le 11 février 1823.

Monseigneur le duc d'Angoulême ne veut pas se départir, Monsieur, de la détermination qu'il a prise de ne point se mêler de la composition de l'armée. Je lui ai représenté votre demande ce matin, et S. A. R. m'a répété ce qu'elle m'avoit déjà fait l'honneur de me dire, relativement à d'autres demandes pareilles; c'est que l'organisation de l'armée d'Espagne ayant été réservée au ministre de la guerre, et le Roi ayant arrêté la liste de MM. les officiers généraux qui doivent y être employés, elle ne peut apporter de changement à ce qui a été fait. Je n'ai plus, d'après cela, qu'à vous exprimer mes regrets de n'avoir pu vous être utile dans cette circonstance, et vous prie d'agréer, Monsieur, l'assurance de la considération distinguée avec laquelle j'ai l'honneur d'être, etc.

Le Duc de Damas.

(N° 24.)

Lettre à M. le Duc de Damas.

Paris, ce 13 février 1823.

Monsieur le Duc,

J'ai reçu avec autant de surprise que d'affliction la lettre que V. Ex. m'a fait l'honneur de m'écrire, pour me communiquer la détermination que S. A. R. a prise sur la demande qui lui avoit été remise par son auguste épouse, par S. A. R. elle-même.

Je ne vous dissimulerai pas, monsieur le Duc, que le silence gardé pendant douze jours sur une demande basée sur des antécédents qui en étoient les garanties, et remise par une Princesse qui m'honore d'une protection que j'ose dire méritée, m'avoit donné une confiance qu'il m'a été bien douloureux de voir détruire par votre lettre, et que j'en ai versé des larmes de désespoir, autant pour la cause à laquelle je suis dévoué, que pour moi personnellement. Que veut-on qu'elle devienne cette cause, si les plus glorieux services sont ainsi récompensés? Quel espoir peut-il rester à ceux qui prendront ma conduite pour modèle? N'est-ce pas tuer le dévouement? Et n'avois-je pas lieu d'espérer une exception favorable à la détermination prise par S. A. R., en raison des circonstances heureuses qui ont donné quelque éclat à ma vie? Il est donc vrai, monsieur le Duc, que j'ai tout perdu en perdant le malheureux duc de Berri! Quand il me qualifioit du titre de son ami, il me connoissoit, et savoit m'apprécier, ce Prince juste, dont c'est aujourd'hui le troisième anniversaire, et que tous les bons Français et moi devons pleurer éternellement.

Mes souvenirs, mes bons principes, et la protection d'une illustre Princesse me restent. Les premiers sont ma consolation; les seconds, l'assurance que rien ne peut me faire changer; la troisième nourrit chez moi l'espérance que je pourrai encore servir, et mourir pour une cause à laquelle l'honneur me lie, et que j'ai toujours aimée.

J'ai l'honneur d'être, etc.

Le maréchal-de-camp

DESPERRIÈRES.

SUITE

A L'INTRODUCTION.

Eh bien! avez-vous lu?

— Certainement, et avec cet intérêt que mon amitié pour vous ne pouvoit manquer d'augmenter.

— Qu'en dites-vous? en ai-je assez éprouvé?

— Je conviens que vous n'avez pas joué de bonheur : cependant vous n'avez pas trop lieu de vous plaindre : sous la république, ou sous le directoire, si justice vous eût été rendue, vous eussiez dû être au moins fusillé. Combien l'ont été qui n'avoient pas d'aussi beaux droits que vous! Je vous trouve fort heureux d'avoir sauvé votre tête.

— Vous êtes terrible avec vos mauvaises plaisanteries.

— Je ne plaisante pas. Vous vous associez à des brigands, à des forcenés.....

— Permettez que je vous arrête : cette association est une injure. Je vous ai suffisamment démontré quels avoient été les motifs de l'armée en se décidant à combattre. Les puissances, jalouses de la France, abandonnoient la cause sacrée du Roi, et ne songeoient qu'à leur agrandissement. La patrie se voyant à la veille d'être déchirée en lambeaux, réclamoit le secours de tous ses enfants. Quelles que fussent leurs opinions, ils ne pouvoient être sourds à sa voix; ils devoient, avant tout, l'affranchir du joug étranger. Voilà les raisons puissantes qui ont déterminé une armée toute royaliste; et vous savez ce qu'elle a fait.

— Soit, je vous accorde cela; mais il n'est pas moins vrai que vous avez prêté aux révolutionnaires le secours de vos talents et de votre bras; et qu'à Arlon, jugeant, d'après vos faits d'armes, l'importance dont vous pouviez être à leur cause, ils ont voulu faire de vous un instrument de leur monstrueux projet; et, pour y parvenir, non-seulement ils ont sacrifié leur haine et leur vengeance en renvoyant l'instrument du supplice qui vous étoit destiné, mais ils vous ont offert la gloire et les honneurs : en le faisant, il étoit naturel qu'ils vous demandassent des gages, et, au lieu d'en donner, vous les blessez dans l'objet de leur plus tendre affection; vous déchirez le registre d'une association qui fait leur force et leur puissance, et vous ne trouvez pas extraordinaire qu'ils vous aient épargné? Ah! soyons justes, moi je les trouve très-généreux.

— Mais ce n'est pas à eux que je dois la vie; c'est d'abord à mes camarades de gloire, ensuite à l'ange tutélaire qui veilloit sur mes jours.

— Dites à la Providence qui règle tout. Mais continuons : avez-vous jamais pu penser que cette Convention, qui avoit couvert la France d'échafauds, qui s'étoit noyée dans le sang innocent, pourroit jamais renoncer à l'autorité qu'elle avoit renversée, et qu'elle ne maintenoit que par la terreur?

— Je l'avouerai franchement, après le 9 thermidor j'ai été complétement sa dupe. La destruction des piques, la rentrée des canons des sections, le désarmement de la gendarmerie, la réorganisation de la garde nationale, le choix que l'on avoit fait de nous à l'armée de l'intérieur : tout avoit contribué à mon aveuglement. Désabusé, le 12 vendémiaire, j'ai dû faire connoître mes véritables sentiments, et protester contre un crime, plutôt que d'en partager la honte.

— Et vous ne vous trouvez pas encore très-heureux que le Directoire vous ait laissé la vie? Quand on se met en mauvaise compagnie, il faut s'attendre à tout.

— Eussiez-vous mieux aimé que j'eusse foulé aux pieds mon caractère; que j'eusse été Jacobin, dévoué à toutes les horreurs auxquelles cet engagement m'eût lié, et que j'eusse mitraillé mes concitoyens au 13 vendémiaire?

— Pour moi, non, je vous aime et vous estime davantage d'avoir agi autrement; mais telle est la bizarrerie des choses d'ici-bas, que ce ne sont pas toujours les bonnes actions qui trouvent leur récompense; que l'homme honnête ne doit la chercher que dans sa conscience. Moquez-vous donc de cela; consolez-vous des disgrâces de la fortune, par l'idée d'avoir rempli votre devoir; et, comme dit le proverbe : *Fais ce que dois, advienne que pourra.*

De plus, mon ami, n'est-ce pas pour vous une douce récompense? n'est-ce pas le bonheur même que de revoir la France heureuse sous les Bourbons? Et si les Jacobins, à qui il n'en falloit pas tant, n'eussent dérogé pour vous à leurs principes, et eussent fait tomber votre tête, où en seriez-vous? Vous voyez donc que tout est compensation ici-bas, et remerciez la Providence.

— J'y suis, comme vous, tout disposé, et je n'ai pas attendu votre avis pour faire toutes ces réflexions ; mais je ne puis dissimuler la peine que m'a causée la manière dont je me suis vu traité sous le gouvernement du Roi.

— Il est vrai qu'on ne vous a pas gâté! S'approprier votre travail, ne vous accorder ni récompense ni avancement, en conscience, c'est trop peu!

— On récompense un sujet comme moi, en le mettant à même de servir et de manifester son zèle et son amour jusqu'au dernier moment ; et j'ai regardé la perte de mon état comme un outrage fait à mon dévouement, et aux preuves que j'avois été assez heureux pour en donner.

— C'est encore votre faute : quand *Madame* eut la bonté de vous offrir une place dans les gardes, S. A. R. savoit mieux que vous ce qu'il vous falloit ; rendant justice à votre dévouement et à votre âme, elle pensoit que votre place étoit auprès du trône, et que la plus belle récompense que l'on pût vous offrir étoit de vous donner l'occasion de veiller sans cesse sur votre Roi et sur les Bourbons! et vous avez été assez fou pour la refuser! Votre présence eût repoussé l'oubli; les ministres n'eussent point osé vous toucher; de plus, vous eussiez peut-être encore été assez heureux pour donner de nouvelles preuves de cet amour brûlant que le duc de Berri vous reconnoissoit si bien, et qu'il disoit que vous portiez jusqu'au fanatisme. Ah! mon ami, votre sort eût été bien différent! pourquoi avez-vous refusé?

— Je ne suis point à m'en repentir; mais je l'ai fait, je vous jure, par attachement. A cette époque, je ne pensois ni à ma famille ni à moi; toutes mes affections étoient concentrées dans le bonheur de revoir mon Roi, la fille de nos Rois et les Princes: mes larmes, qui coulèrent en abondance quand *Monsieur* daigna me reconnoître, l'attestent assez; je ne voyois dans la place de major des gardes que je sollicitois, que l'avantage d'être plus utile. Je dis à *Madame :* « MM. les » gardes-du-corps doivent tous, par le choix que » l'on ne manquera pas d'en faire, être des sujets » pleins d'honneur et dévoués, près desquels » mon zèle ne pourra être d'aucune utilité; il » vous faut un corps d'infanterie : on parle de » recréer le régiment des gardes; accoutumé à » commander à des soldats, ayant été toute ma » vie assez heureux pour gagner leur confiance » et m'en faire aimer, j'ose réclamer des bontés » de *Madame* la place de major du régiment : » je ne crains point d'assurer à V. A. R. qu'au » bout de trois mois je leur aurai tellement communiqué mon âme, qu'il n'y aura pas dans » le régiment un seul soldat qui ne soit aussi » dévoué que moi. »

— C'est ainsi, mon cher, que vous vous êtes perdu! Il n'est rien tel que de tenir : il falloit d'abord planter votre existence, tous les moyens de défense vous eussent été acquis ; et qui, d'ailleurs, eût osé vous attaquer? Mais vous *vous êtes cru fort*, parce que l'on vous témoignoit de la bienveillance, parce que l'on vous écoutoit ; *vous avez cru parler le langage de la vérité*, on l'a su, et dès ce moment votre perte a été jurée; la calomnie, mon cher, souvenez-vous de ce qu'en a dit Beaumarchais, la calomnie s'est attachée à vos pas, et votre départ pour votre commandement a été le signal; votre éloignement de la Cour donnant prise à la malveillance, elle a fait jouer tous ses ressorts; vous vous avisiez de parler hautement et franchement, *c'étoit de l'impudence ;* vous annonciez des malheurs que l'expérience même a justifiés, *vous étiez un alarmiste qui vouloit se donner de l'importance, et troubler la douce sécurité à laquelle on se plaisoit à s'abandonner.*

Vous aviez des dettes; on n'a pas dit : *la révolution l'a ruiné*; *victime de son caractère, de sa loyauté, il n'a connu que le malheur; s'il eût été un malhonnête homme ou un intrigant, il seroit peut-être riche et puissant; malgré ses malheurs, il a toujours été le seul soutien de sa famille.* Non, l'on n'a pas dit tout cela, quelque vrai que cela fût; c'eût été vous présenter sous un point de vue trop favorable, et ce n'étoit pas le but; on a dit : c'est un homme dérangé, un prodigue, un homme criblé de dettes, un joueur, etc., etc. Si Buonaparte ne l'a point employé, c'est qu'il a perdu dans une nuit 300,000 fr. qu'il lui avoit donnés pour payer ses dettes.

— Vous savez le démenti formel que j'ai donné à une aussi atroce assertion.

— Je le sais; mais ce que vous ne savez peut-être pas, c'est que le même genre de calomnie s'est reproduit depuis le retour de nos Bourbons on a prétendu que vous aviez reçu 150,000 fr. du pavillon Marsan, et que vous les aviez perdus dans une nuit.

— Cette calomnie est aisée à détruire.

— On a dit plus; on a dit que vous étiez à la tête de la police de *Madame*.

— Quelle horreur! un bon Français n'a pas besoin d'être payé pour veiller sur ses Princes; je suis chevalier de Saint-Louis et royaliste, c'est plus que suffisant. *Madame* a connu l'injustice dont on m'a frappé, la détresse dans laquelle on m'a plongé : n'oubliant point son colonel de Vintimille, elle a versé sur ma famille ses bienfaits, elle a adouci ma position; qui pourroit en être étonné? Son cœur n'est-il pas accessible à tous les malheureux? Voilà comme elle se venge des Français; qui pourroit la connoître et ne pas l'adorer!

— Je pense comme vous; mettez donc en elle et dans votre Roi toute votre confiance; le moment de la justice est arrivé; vous avez osé proclamer hautement votre conduite, je commence à croire que vous avez bien fait, et le temps prouvera que vous aviez raison quand vous disiez :

Ah! si le Roi le savoit!

IMPRIMERIE DE C. J. TROUVÉ,
RUE DES FILLES-SAINT-THOMAS, N° 12.

www.ingramcontent.com/pod-product-compliance
Ingram Content Group UK Ltd.
Pitfield, Milton Keynes, MK11 3LW, UK
UKHW020104200726
13856UKWH00002B/361

9 782011 770875